Topos plus **Taschenbücher**
Band 507

Kurt Koch

Vom Wunder der Weihnacht
Meditationen zu
Advent und Weihnachten

Topos^{plus} Taschenbücher

Topos plus **Verlagsgemeinschaft**

Butzon & Bercker, Kevelaer | Don Bosco, München
Echter, Würzburg | Verlag Katholisches Bibelwerk, Stuttgart
Lahn-Verlag, Limburg Kevelaer | Matthias-Grünewald-Verlag, Mainz
Paulusverlag, Freiburg Schweiz | Friedrich Pustet, Regensburg
Tyrolia, Innsbruck Wien

Bibliografische Information der Deutschen Bibliothek

Die Deutsche Bibliothek verzeichnet diese Publikation in der Deutschen Nationalbibliografie; detaillierte bibliografische Daten sind im Internet über http://dnb.ddb.de abrufbar.

2003 Verlagsgemeinschaft Topos plus, Kevelaer
Das © und die inhaltliche Verantwortung liegen beim
Paulusverlag, Freiburg/Schweiz
Originalausgabe
Kein Teil des Werkes darf in irgendeiner Form
(durch Fotografie, Mikrofilm oder ein anderes Verfahren)
ohne schriftliche Genehmigung des Verlages
reproduziert, vervielfältigt oder verbreitet werden.

Einband- und Reihengestaltung:
Akut Werbung GmbH, Dortmund
Herstellung: Pustet, Regensburg
Printed in Germany

Topos^{plus} – Bestellnummer: 3-7867-8507-4

Inhalt

Vorwort 9

Perspektiven des Advents

Säkularisierte oder adventliche
Weihnachtsvorbereitungen? 13
Im adventlichen Horizont befristeter Zeit leben 21
Schöne Begleitung durch den Advent 31
Friedenskuss mit der Gerechtigkeit im
christlichen Advent 39
Architektonischer Dienst an einer
adventlichen Kirche 48
»Ephata«: Verschlossenheit der Angst oder
adventliches Vertrauen? 56
Adventliche Stimme für das Wort Gottes 64

Dimensionen der Weihnacht

Weih-Nacht Gottes in der Welt-Nacht
der Menschen 73
Weihnachtliches Aug-in-Aug Gottes mit
uns Menschen 78
Weihnachtlicher Einstand für das Leben 86
Gottes Offenbarung in seinem
weihnachtlichen Versteck 94
Geschenkter Sinn von Weihnachten 101
Weihnachtsgnade Gottes, die retten und
erziehen will 109
Das Wunder der Weihnacht 117
Gottes Ehre und Friede der Menschen 124
Das Weihnachtslicht in der Dunkelkammer
des Lebens 131

Lichtvolle Aufklärung von oben............... 139
Hereinscheinen des Weihnachtslichtes Gottes
in unsere Welt 149

ANMERKUNGEN........................ 155

»Im Kind Jesus ist die Wehrlosigkeit
der Liebe Gottes am meisten offenkundig:
Gott kommt ohne Waffen,
weil er nicht von außen erobern,
sondern von innen gewinnen,
von innen her umwandeln will.«

JOSEPH KARDINAL RATZINGER

*Meinen Weihbischöfen
Martin Gächter und Denis Theurillat
in dankbarer Verbundenheit
herzlich zugeeignet*

Vorwort

Advent und Weihnachten sind intensive Zeiten nicht nur für die Kirche, sondern überhaupt für die Menschen heute, selbst in einer weithin säkularisierten Gesellschaft. Wie selten im Jahr konzentrieren die Menschen ihre Kräfte in das Leben und Gestalten dieser Zeit. Instinktiv nehmen sie das Wunder wahr, das in Weihnachten verborgen liegt. Die christliche Kirche ist deshalb gut beraten, diese Zeit zu nutzen und den Menschen zu helfen, den Zugang zu diesem größten Wunder in stets neuen Anläufen zu erleichtern oder gar zu erschließen.
Dieses Wunder der Weihnacht hat bereits der heilige *Irenäus* dahingehend gedeutet, dass sich Gott selbst in der Menschwerdung seines Sohnes an uns Menschen gewöhnt habe und dass deshalb das Leben des Glaubens im Kern darin bestehe, dass wir Menschen uns an Gott gewöhnen und mit ihm jenen vertrauten Umgang pflegen, den er uns an Weihnachten angeboten und ermöglicht hat. Denn was der christliche Glaube eigentlich bedeutet, dies ist in den intensiven Zeiten des Advents und der Weihnacht wie in einem Kristall gesammelt. Hier ist der Glaube ganz einfach in seiner schlichten Einfalt, die es gerade deshalb verdient, für das konkrete Leben der Menschen heute ausgefaltet zu werden.
Diesem Anliegen sind die im vorliegenden Büchlein gesammelten Meditationen verpflichtet. Es enthält Ansprachen und Predigten, die ich in den vergangenen Jahren zum Geheimnis des Advents und von Weihnachten gehalten habe. Da in diesem Festkreis das Ganze des christlichen Glaubens enthalten ist, in dessen Licht auch spezifische Ereignisse der Kirche beleuchtet werden können, sind auch in einer bewussten Auswahl Ansprachen bei

konkreten Anlässen wie bei einem Pfarreijubiläum, einer Priesterweihe und einer Kirchweihe mit aufgenommen. Sie wollen den Ernstfall des Wunders der Weihnacht verdeutlichen und zeigen, dass die Kirche nicht nur in der Adventszeit, sondern immer im Advent lebt und auf Weihnachten zugeht.

In der Hoffnung, dass die in diesem Büchlein gesammelten Besinnungen dazu beitragen können, dass das Wunder des Advents und der Weihnacht weiterhin als Notenschlüssel für die Melodie des kirchlichen Lebens auch im begonnenen dritten Jahrtausend wirken kann, und in herzlicher Zueignung an meine Weihbischöfe Denis Theurillat und Martin Gächter, verbunden mit aufrichtigem Dank für ihre treue Wegbegleitung und ihren unermüdlichen adventlich-weihnachtlichen Dienst an unserem Bistum, schicke ich dieses Büchlein auf seinen Weg.

Solothurn, Epiphanie 2003 + KURT KOCH
Bischof von Basel

Perspektiven des Advents

Säkularisierte oder adventliche Weihnachtsvorbereitungen?[1]

Die hell beleuchteten Straßen und Schaufenster in unseren Städten und Dörfern verraten, dass schon am zweiten Adventssonntag viele Menschen mitten in den Vorbereitungen auf das Weihnachtsfest stehen. Gerade in der Adventszeit unternehmen die Menschen sehr viel und investieren große Kraft in ihre Vorbereitungen, um das Weihnachtsfest gelingen zu lassen. Selten geben wir uns aber Rechenschaft darüber, dass es bei und trotz unserer Bemühungen und Anstrengungen nicht mehr in unserer Hand liegt, ob Weihnachten dann auch wirklich gelingen wird. Wir Menschen können uns zwar gründlich auf Weihnachten vorbereiten; ein gutes Gelingen ist damit freilich noch keineswegs garantiert. Selbst wenn alle unsere Vorbereitungen bestens erledigt sind, kann doch ein einziges ungutes Wort das ganze Weihnachtsfest gründlich verderben, weil durch eine Ungeschicklichkeit die ohnehin schon überstrapazierten Nerven der Mutter versagen oder beim Vater Trauer und Unzufriedenheit die Oberhand bekommen können.

Solche Vorkommnisse, die wir vielleicht aus eigener Erfahrung kennen, rufen in Erinnerung, dass wir das Weihnachtsfest zwar vorbereiten können, dass aber sein Gelingen nicht mehr in unserer Hand liegt, dass es sich vielmehr von sich selbst her ergeben will, wenn es sich wirklich um Weihnachten handelt. Doch diese unvorhersehbare Seite von Weihnachten vergessen und verdrängen wir Menschen heute oft. Darin liegt das unfehlbare Anzeichen dafür, dass heute weithin ein säkularisiertes Verständnis von Weihnachten und von der Adventszeit im Vordergrund steht. Denn es gehört zur Säkularisierung unserer Lebenswelt, dass das Handeln des Menschen groß geschrieben wird, das Warten-Können auf das Handeln Gottes an uns jedoch in den Hintergrund rückt oder ganz verschwiegen wird.

Säkularisierung von »Heil« und »Sünde«

In diesem Sinne wird heute auch und gerade das Zentralwort des christlichen Glaubens, das »Heil« heißt, ganz und gar verweltlicht. Denn im christlichen Verständnis ist das Wort »Heil« unlösbar mit dem Heilshandeln Gottes an uns Menschen in der Person Jesu Christi verbunden. In der heutigen Situation aber wird sehr oft die Bewahrung und Veränderung des menschlichen Lebens durch uns Menschen zum alles bestimmenden Thema der ursprünglich religiösen Hoffnung auf das Heil.
Von diesem grundlegenden Wandel legt eine Berliner Untersuchung mit dem treffenden Titel »Die neuen Gesichter Gottes« beredtes Zeugnis ab. Dieser Untersuchung zufolge verknüpft nur noch eine kleine Minderheit der befragten Menschen mit den Worten »Heil« oder »Erlösung« eine Hoffnung, die mit dem traditionellen religiösen Sinn dieser Worte in Verbindung steht. Selbst unter den befragten Theologinnen und Theologen nimmt bloß noch ein Viertel mit den Worten »Heil« und »Erlösung« die Hoffnung auf Befreiung des Menschen von »seinem sündigen Wesen« in der Begegnung mit Gott wahr. Wörtlich fasst die Untersuchung das Ergebnis der Befragung so zusammen: »Wenn es nun so ist, dass eine Erlösung von unserem sündigen Wesen nur noch für wenige zu den Erlösungshoffnungen gehört, so heißt das auch, dass Erlösung primär nicht mehr das Verhältnis des Menschen zu Gott und den Eintritt in einen Himmel der Erlösten betrifft, sondern Leiden, die den Menschen in diesem Leben

zu schaffen machen. Und die haben mit unheilbaren Krankheiten, Unfrieden und Hunger in der Welt menschlicher Unzulänglichkeit, Süchten und dem Streben nach Macht zu tun bzw. werden von diesen Faktoren verursacht ... In diesem Leiden begegnen Menschen sich selbst und ihren Grenzen.«[2]

Die Bewahrung des menschlichen Lebens in den Beziehungen der Menschen ist der neue Inhalt der heutigen Heilshoffnung und nicht mehr die Erlösung des Menschen von seinen Sünden, die nur Gott bewirken kann. Von daher kann es nicht erstaunen, dass das traditionelle Wort »Sünde« der am meisten säkularisierte Begriff des christlichen Glaubens geworden ist. Das Wort Sünde gehört ohne jeden Zweifel an erster Stelle zu den verschlissensten Worten der christlichen Tradition. Es ist vor allem moralisiert und umgekehrt ironisiert worden und damit gänzlich unverständlich geworden. Dagegen spricht nicht die Feststellung, dass dieses Wort heute in der Umgangssprache inflationär verwendet wird. Da ist nämlich die Rede von »Umweltsünden«, von »Verkehrssünden« und sogar von »Diätsünden«. Solche umgangssprachlichen Redewendungen zeigen, dass der traditionelle Begriff der Sünde aus der Gottesbeziehung, in der er ursprünglich beheimatet ist, in einen völlig säkularisierten Zusammenhang übersetzt worden ist: Den Bezugspunkt der Sünde bildet nicht mehr Gott, vor dem sich der Mensch als Sünder erkennt. Bezugspunkt und Maßstab der Sünde sind vielmehr sozial geteilte Ordnungsvorstellungen, die, wie beispielsweise in der Straßenverkehrsordnung, eindeutig oder, wie beim gesundheitsunverträglichen Essen, recht diffus sind. Die logische Konsequenz dieser gravierenden Verschiebung im Verständnis von Sünde liegt darin, dass sich auch die Vorstellung von Vergebung gänzlich säkularisiert hat: Aus einer göttlichen Gnadenzusage wird die Vergebung dann zu einem rein zwischenmenschlichen Zuspruch.

Diese Beispiele zeigen, worin der Kern der Säkularisierung liegt, nämlich in der Umpolung des Interesses am Handeln Gottes an uns Menschen in dasjenige am Handeln der Menschen selbst, wenn es gut kommt: vor Gott, und im schlechtesten Fall: ohne Gott. Solche Tendenzen sind selbst innerhalb der heutigen Kirche festzustellen. Diese reagieren auf den Säkularisierungsprozess in der heutigen Lebenswelt vor allem dadurch, dass sie Religion in Ethik übersetzen und damit die Religion selbst säkularisieren. Denn während es die Moral mit dem menschlichen Handeln zu tun hat, macht die Religion unmissverständlich deutlich, dass menschliches Handeln nur dann verantwortet werden kann, wenn es sich seiner eigenen Grenzen bewusst ist, und dass der Mensch folglich vor allem Handeln zunächst ein empfangendes Lebewesen ist.

Vorrang des Handelns Gottes vor dem menschlichen Tun

Erst in diesem größeren Zusammenhang tritt der eigentliche Ernst der heutigen Säkularisierung des Weihnachtsfestes und der Adventszeit ans Tageslicht. Weil Weihnachten weithin nicht mehr als Fest der Menschwerdung Gottes, sondern als Fest allein der Menschwerdung des Menschen gefeiert wird, liegen sowohl die Vorbereitung als auch das Gelingen dieses Festes ganz in unserer Hand. Die Adventszeit wird dann zur Zeit unserer rastlosen Vorbereitungen auf das Weihnachtsfest, wohingegen die Vorbereitungen Gottes nicht mehr in unser Blickfeld kommen. Diese aber stehen im Mittelpunkt des christlichen Advents, wie er in den heutigen Lesungen sichtbar wird: Im alttestamentlichen Prophetenbuch Jesaja wird uns die schönste Friedensvision vor Augen gestellt, die wir uns

ausdenken können und die zudem wahrhaft universal ist, weil sie die ganze Natur mitsamt den wilden Tieren wie Wolf und Löwe mit einbezieht: »Dann wohnt der Wolf beim Lamm, der Panther liegt beim Böcklein, Kalb und Löwe weiden zusammen, ein kleiner Knabe kann sie hüten« (Jes 11,6). Damit leuchtet ein Friedenszustand auf, nach dem wir alle uns sehnen. Von diesem Friedenszustand wird gesagt, dass er »dann« eintreten wird. Doch was ist mit diesem hervorgehobenen »dann« gemeint?
Wir würden dieses »dann« missverstehen, wenn wir es im Sinne unseres alltäglichen »wenn – dann« verstehen würden. Denn damit meinen wir zumeist einen Kausalzusammenhang von menschlichen Handlungen. So sagt etwa die Mutter zu ihrem Kind: Wenn du brav gewesen bist, dann kannst du am Abend Fernsehen schauen. Ähnlich könnten wir den heutigen Bibeltext verstehen: Wenn wir Menschen uns alle Mühe geben und alle Anstrengungen zusammennehmen, dann wird jener schöne Friedenszustand eintreten, den wir so gerne erhoffen. Damit aber hätten wir die Stoßrichtung des Bibeltextes von Grund auf verfehlt. Denn er appelliert zunächst nicht an unser menschliches Handeln, sondern er spricht eine Verheißung aus: »An jenem Tag wächst aus dem Baumstumpf Isais ein Reis hervor, ein junger Trieb aus seinen Wurzeln bringt Frucht« (Jes 11,1). Von diesem Reis wird gesagt, dass der Geist des Herrn sich auf ihm niederlässt. Nur wenn der Geist des Herrn wirkt und nur wenn das Reis für diesen Geist empfänglich ist, nur dann kann jener universale Frieden in der Natur erblühen, den wir alle so sehr ersehnen.
In die gleiche Richtung weist die Stimme in der Wüste, die im Evangelium vernehmbar wird: »Bereitet dem Herrn den Weg! Ebnet ihm die Straßen!« (Mt 3,3). Auf das erste Hinhören hin freilich könnte man auch und gerade in dieser Aufforderung eine Herausforderung des

Menschen zu seinem eigenen Handeln heraushören. Dies wäre zwar ohne Zweifel richtig. Sieht man allerdings genauer zu, dann geht es dabei um ein ganz spezifisches Handeln, zu dem die Menschen aufgerufen werden: Sie sollen dem Herrn den Weg bereiten und die Straßen eben machen. Dahinter steht die Überzeugung, dass Gott selbst kommen wird auf den Straßen unseres Lebens und dass unser Handeln nur darin bestehen kann, Wegbereiter für das Kommen Gottes zu sein. Denn das menschliche Handeln, das uns zugemutet wird, ist Wegbereitung; aber es bewirkt das Ziel nicht und kann es auch nicht garantieren. Das Kommen Gottes selbst ist sein Handeln und seine unableitbare Initiative.

Kirche als adventliche Hoffnungsgemeinschaft

Für diesen erzadventlichen Vorrang des Handelns Gottes an uns vor unserem eigenen menschlichen Handeln steht in der christlichen Tradition eine Person, nämlich Johannes der Täufer. Dieser war im besten Sinne des Wortes ein vor-läufiger Mensch, genauerhin ein vor-laufender Mensch, der darum wusste, dass er stets hinter dem zurückbleibt, auf den er hinweist und dem er vorausläuft, und dass er diesem nur den Weg bereiten kann. So gilt Johannes der Täufer mit bestem Recht als die erzadventliche Gestalt schlechthin.

Wenn die Kirche sich in Johannes dem Täufer vorgebildet sieht und heute seine Rolle übernimmt, dann tritt in neuer Weise ans Tageslicht, dass sie immer im Advent lebt. In den ersten Wochen eines neuen Kirchenjahres mag dies deutlicher im Mittelpunkt des kirchlichen Feierns und Betens stehen. Gerade so aber macht uns die Adventszeit bewusst, was *Egon Kapellari*, der Bischof von Graz-Seckau, als das tiefste Wesen des Christen und der Kirche überhaupt bezeichnet: »Ein bewusster Christ ist ein adventlicher Mensch, und die Kirche ist eine Adventsgemeinschaft.«[3] Adventlich ist die Kirche aber genau darin, dass sie in erster Linie nicht auf ihr eigenes Handeln baut, sondern dass sie dem kommenden Herrn den Weg bereitet und auf ihn wartet.

Im Warten besteht die adventliche Grundhaltung der Kirche. Sie ist sogar »in guter Erwartung«. Wenn ihr Lebenselixier das Warten ist, dann besteht umgekehrt ihre größte Versuchung in der Erwartungslosigkeit. Weil die Kirche heute von dieser Versuchung immer wieder befallen wird, ist sie auf wachsame Glaubens- und Lebensorte angewiesen, die sich dadurch auszeichnen, dass Christen und Christinnen, die sich an diesen Orten aufhalten und leben, warten können. Solche adventliche Wartesäle für das Kommen Gottes in der heutigen Kirche und Welt sind die klösterlichen Gemeinschaften. So jedenfalls sieht es *Silja Walter* in ihrem schönen Text über das »Kloster am Rande der Stadt«. Den tiefsten Sinn eines Klosters erblickt sie darin, dass jemand zuhause ist, wenn Gott kommt, dass jemand Gottes Abwesenheit durchwartet, ohne an seinem Kommen zu zweifeln, und dass jemand das Schweigen Gottes aushält und trotzdem singt. Dies ist im schönsten Sinn Advent!

Diesen stellvertretenden Dienst des Wartens auf das Kommen Gottes, den Sie, liebe Schwestern, in unserer Kirche vor allem mit Ihrem Gebet ausüben, weiß ich sehr zu schätzen. Mit Ihrem klösterlichen Dasein und mit Ihrem Gebetsleben erinnern Sie die ganze Kirche an ihre wahre und adventliche Grundberufung zum Warten und Empfangen-Können. Damit helfen Sie auch den heutigen Christen und Christinnen, auf den tiefsten Grund ihrer adventlichen Weihnachtsvorbereitungen zurückzukommen. Denn diese bereiten nur dann auf ein christliches und nicht säkularisiertes Weihnachten vor, wenn in ihrem

Mittelpunkt nicht allein die menschlichen Handlungen, sondern das Handeln Gottes an uns stehen. Dafür sind Sie ein lebendiger Tatbeweis und eine reizende Herausforderung an die ganze Kirche heute, für die Ihnen herzlich zu danken mir ein großes Anliegen ist. Denn Sie sind eine lebendige Exegese des prophetischen Aufrufs in der heutigen Lesung: »Bereitet dem Herrn den Weg! Ebnet ihm die Straßen!«

Im adventlichen Horizont
befristeter Zeit leben[4]

Der deutsche Schriftsteller *Botho Strauß* hat vor einigen Jahren ein Buch geschrieben, das den auf den ersten Blick merkwürdigen Titel trägt: »Beginnlosigkeit«. Tiefer gesehen aber hat er damit das durchschnittliche Zeitempfinden des heutigen Menschen treffend beim Namen genannt. Hinzuzufügen bleibt dabei nur, dass der von Botho Strauss diagnostizierten Beginnlosigkeit im heutigen Empfinden natürlich und erst recht auch die Endlosigkeit der Zeit entspricht. Denn im Grunde sind wir Menschen heute fasziniert von einer Zeit, die weder einen Anfang noch ein Ende zu kennen scheint. Diese Vorstellung von einer »Zeit ohne Beginn und ohne Finale« verdient freilich den Namen »Zeit« eigentlich nicht.

Moderne Zeitnot und Verlust der Zeit

Hier liegt der Grund, dass sich vielen Menschen heute die Zeit immer mehr entwichtigt, wiewohl sie ständig im Fluss ist. Man kann sie weder anhalten noch zurückdrehen; alles geht vorbei, verschwindet und lenkt sich seinem unversöhnlichen Ende zu. Die Menschen heute aber glauben weithin an eine evolutionär stets fortschreitende oder auch an eine immer wiederkehrende Zeit. Von daher ist es kein Zufall, dass in der heutigen Zeit, in der das Gespür für die Zeit immer mehr verloren geht, vor allem der Glaube an die Wiedergeburt des Menschen Hochkonjunktur hat, und zwar durchaus im Unterschied zum asiatischen Denken, in dem diese Vorstellung ursprünglich beheimatet ist. Während nämlich der fromme Asiat darum bemüht ist, aus dem Kreislauf der Wiedergeburten herauszukommen, möchte der diesseitsorientierte Europäer gerade in ihn hinein, um auf dem Weg eines postmortalen Seelenrecyclings Zeit ohne Ende zu haben. In solcher Diesseitsvertröstung ohne Ende und damit in dieser stets weitergehenden und wiederkehrenden Zeit kann es aber nur noch Hypothetisches, aber nichts End-Gültiges mehr geben.

Wenn die Zeit den Menschen immer mehr entschwindet, kann es auch nicht erstaunen, dass die Menschen klagen, dass sie keine Zeit mehr haben und dass sie kaum mehr ein Gespür für die lebensnotwendigen Zyklen der Zeit haben. Dies ist nicht nur daran ablesbar, dass in der heutigen Gesellschaft Sonntag immer mehr Werktag und Werktag immer mehr Sonntag werden soll, und zwar so sehr, dass jeder nach seiner Façon seligen Sonntag haben soll. Vielmehr schwindet auch das Gespür für die geprägten Zeiten im Laufe eines Jahres: Die Straßen sind schon so geziert, als wäre heute Heiliger Abend. Kaum aber wird Weihnachten vorbei sein, werden bereits die Osterhasen aus den Schaufenstern unserer Geschäfte grüßen. Denn alles soll jederzeit zur Verfügung stehen, und zwar subito. Wenn in diesem Sinn die Wirtschaft viel daransetzt, die Zeiten der Menschen und der ganzen Schöpfung durcheinander zu bringen, wird es auch nicht verwundern, dass die Menschen kaum mehr ihre Lebenszeit wahrnehmen. Dies zeigt sich vor allem daran, dass wir die befristete Zeit unseres Lebens, wie sie durch die Zukunft unseres Todes markiert wird, weithin verdrängen. Wiewohl der Tod die Tod-sicherste Zukunft unseres Lebens sein wird, halten wir ihn doch zeit unseres Lebens für die unwahrscheinlichste Zukunft. Schon *Sigmund Freud* hat treffsicher bemerkt: »Jeder Mensch hält jeden für sterblich – ausgenommen sich selbst.« In Sachen Todesverdrängung hätten wir in der heutigen Gesellschaft in der Tat ein goldene Rose verdient! Damit aber verraten wir das noble Grundwesen jedes Menschen. Denn jeder Mensch ist adeliger Natur. Er lebt »von und zu«, nämlich vom Kindesbett zum Todesbett, von der Geburt zum Tod.

Es ist genau die verdrängte Todesangst, die uns so eilig macht und die die Zeit zum großen Problem des heutigen Menschen gemacht hat: Wir wollen überall, wie unsere Sprache verräterisch sagt, »auf dem Laufenden sein« und nehmen dazu den Wettlauf mit der Zeit auf. Wir wollen die Zeit überwinden durch Hochgeschwindigkeitszüge, Fax und E-Mail, Internet und Video. Wir wollen alles gesehen haben und auf Dias und Videos festhalten, können dabei aber nur wenig in uns aufnehmen und verarbeiten. Deshalb haben wir so viele Erlebnisse, machen aber kaum Erfahrungen. Ebenso haben wir viele Kontakte, aber kaum Beziehungen. Wir verschlingen »Fast Food« und werden von McDonald's verpflegt, und zwar möglichst im Stehen, weil wir kaum mehr genießen können. Als Touristen sind wir überall gewesen, aber kaum irgendwo angekommen, weil wir immer nur im Transit leben. Weil wir immer Zeit gewinnen wollen, haben wir keine Zeit mehr. Und weil wir hinter der Zeit herrennen, nehmen wir uns das Leben, im Extremfall sogar im wörtlichen Sinne.

Fortlaufende oder befristete Zeit?

Wir stehen mitten in der Adventszeit. Sie ist eine besondere Zeit. Sie ist die Zeit des Wartens schlechthin, genauerhin des Wartens auf das Erlösungsgeschehen der Menschwerdung Gottes. Diese vom Advent angesagte Zeit des Wartens steht zum gravierenden Zeitverlust in der heutigen Zeit quer. Der Advent verheißt nämlich, dass von Zeit zu Zeit unsere Zeit anders werden soll. Deshalb sagt er uns keine evolutionär zerdehnte oder stets wiederkehrende Zeit an. Es ist vielmehr eine befristete Zeit, die sowohl einen Anfang als auch ein Finale kennt.

Dieser adventliche Horizont befristeter Zeit bedeutet freilich gerade nicht eine Entwichtigung der Gegenwart. Im Gegenteil! Erst in diesem Horizont wird Gegenwart in jener emphatischen Weise erfahrbar, wie sie für die biblische Botschaft kennzeichnend ist. Diese ist nämlich in das »Jetzt« und »Heute« verliebt, wie gerade der Ausblick auf das Ende der Zeit zeigt, der für die Adventszeit charakteristisch ist, der aber gerade nicht von der Gegenwart ablenken, sondern zur Wachsamkeit aufrufen will. Von daher dürfte es wohl kein Zufall sein, dass sich dieses neue Zeitverständnis der Bibel in der deutschen Sprache kaum ausdrücken lässt. Demgegenüber kennt die griechische Sprache für das eine deutsche Wort »Zeit« zwei Begriffe mit recht unterschiedlichem Inhalt:

– *Chronos* ist ein rein quantitativer Begriff und bezeichnet die messbare Zeit. Diese ist vor allem Uhr-Zeit, die durch objektive Beobachtung erfasst und am Chronometer abgelesen werden kann, der ohnehin die Schlüsselmaschine des modernen Industriezeitalters geworden ist, weil er alles reguliert. Diese mechanische Zeit der allgegenwärtigen Uhren beherrscht unser Leben und macht letztlich alle Zeiten gleich.

– *Kairos* ist demgegenüber ein qualitativer Begriff. Er bedeutet eine besonders günstige Gelegenheit oder auch eine andrängende Situation für fällige Entscheidungen. Diese Zeit lässt sich nicht ohne persönliche Betroffenheit und innere Beteiligung des Beobachtenden selbst erfahren. Erst diese erlebte Zeit ermöglicht Lebensqualität, die nicht dem Diktat der Uhrzeit unterworfen ist.

Die Zeit des Advents erhebt den Anspruch, nicht bloß Chronos zu sein. Sie will für jeden einzelnen Menschen zum Kairos werden. Während viele Menschen heute in der fatalen Gefahr stehen, die gegenwärtige Weltzeit im Sinne des Chronos – geradezu chronisch (!) – misszuverstehen, zeichnen sich Christen dadurch aus – sie sollten es jedenfalls und könnten es auch! –, dass sie gerade in der Zeit des Advents das biblisch bezeugte befristete Wesen der Zeit wahrnehmen.

Dieses findet seinen Ausdruck bereits darin, dass das Kirchenjahr seinen Anfang nicht mit dem Neujahrstag, sondern mit dem Advent nimmt. In dieser offenkundigen »Unterordnung des bürgerlichen Beginns unter das Geheimnis des Glaubens und seines neuen Anfangs«[5] wird jene Verwandlung der Zeit angesagt, die durch das Kommen Jesu Christi in die Welt geschehen ist. Da nämlich von Zeit zu Zeit unsere Weltzeit anders werden soll, will das Kirchenjahr uns Christen dazu anleiten, die Zeit nicht Gott-los, sondern vor und mit Gott zu leben. Genau darin liegt der alternative Lebensstil, zu dem das Kirchenjahr uns Christen ermutigen will.

Schöpferisches Warten als Zeit andrängender Umkehr

In diesem präzisen Sinn ist der Advent die Zeit des Wartens schlechthin. Aber dieses Warten hat jetzt eine ganz andere Qualität. Offensichtlich gibt es recht verschiedene Arten des Wartens. Im Leben eines Menschen gibt es gewiss genügend Zeit des Wartens, die wir als sinnloses Nichtstun empfinden. Uns allen ist die eigenartige Situation im Wartezimmer eines Arztes oder Zahnarztes vertraut, vor allem die nur langsam verstreichenden Minuten, bis wir in das Sprechzimmer geführt werden. Erst

recht lange kommen einem kranken Menschen, der auf die genauere Diagnose warten muss, die Tage und Stunden vor, bis er den erwarteten oder gar befürchteten Befund erhält. Von solchen Erinnerungen her dürften bei vielen Menschen negative Assoziationen aufsteigen, wenn das Stichwort des Wartens fällt. Das Warten verliert den Charakter einer Tugend, und sehr schnell verbindet sich mit dem Stichwort des Wartens dasjenige des Nichtstuns, des Untätigseins und einer lähmenden Langeweile.
Daneben gibt es aber auch ein Warten, das gerade nicht langweilig ist, sondern voller Arbeit, gleichsam ein schöpferisches und interessantes Warten. Ich denke beispielsweise an eine schwangere Frau. Treffend und mit bestem Recht sagt der Volksmund von ihr, sie sei »in guter Erwartung«. Voll Sehnsucht wartet sie auf die Geburt ihres Kindes. Doch eine Frau, die neun Monate lang ihr Kind erwartet, leistet etwas zuhöchst Schöpferisches. Ihr Warten ist ein ungemein tätiges Warten. Zu solch schöpferischem Warten und deshalb tätiger Wachsamkeit fordert uns auch die Adventszeit heraus. Denn diese ist gerade nicht bloße Wartezimmerzeit und belanglose Durchgangszeit. Sie ist vielmehr eine Zeit schöpferischen Wartens, in der wir in neuer Weise mit Christus »schwanger« gehen.
Wachsam und schöpferisch warten, dies bedeutet, wie Paulus an die Römer schreibt, die gegenwärtige Zeit bedenken und aufstehen vom Schlaf (Röm 13,11), die Zeit nützen, ja im präzisen Sinn: »das Zeitliche segnen«. Das Zeitliche segnen, dies sagen wir bekanntlich vom Sterben eines Menschen; und da gilt es ja auch in besonders radikaler Weise. Für uns Christen aber vollzieht sich das Segnen des Zeitlichen nicht erst im Tod. Denn für uns ist jede Zeit eine Zeit der Gnade Gottes, die wir segnen sollten durch unser interessiertes und tätiges Warten.
Dies gilt in besonderer Weise von der Adventszeit, in der wir auf die Ankunft des Herrn warten und dabei heraus-

gefordert sind, aus diesem Warten Konsequenzen für unsere Lebensgestaltung zu ziehen, wie sie in einer rabbinischen Legende deutlich werden: Ein jüdischer Rabbi sagte einmal zu seinen Schülern: »Tut Buße einen Tag vor Eurem Tod!« Darauf fragte ihn einer seiner Schüler: »Weiß denn der Mensch, an welchem Tag er sterben muss?« Darauf antwortete der Rabbi: »Eben darum kehre er heute um, vielleicht muss er morgen sterben. So lebt er alle Tage die Umkehr. So lebt er jeden Tag, als wäre er der letzte.«

In der Tat: Jeden Tag so zu leben, als wäre er der letzte! Dies heißt Leben im biblischen Kairos des Advents. Können wir uns überhaupt vorstellen, wie dann unser Leben und unsere Welt aussähe, wie freundlich das Zusammenleben der Menschen und wie angenehm der alltägliche Umgang der Menschen miteinander sein könnte? Jeden Tag so zu leben, als wäre er der letzte: Dies kann natürlich nicht bedeuten, dass unsere alltäglichen Sorgen und Geschäfte bedeutungslos würden. Es heißt aber sehr wohl, jeden Tag vom letzten Sinn her und auf das letzte Ziel hin zu gestalten.

Solche Lebensweise gibt unserer Zeit Gewicht. Denn mit unserem Leben verhält es sich wie mit den Ferien: Wer im Jahre 52 Wochen Ferien hat, hat im Grunde keine Ferien mehr. Wer aber zwei oder drei Wochen Ferien hat und darum weiß, wie begrenzt sie sind, wird versuchen, das Beste aus ihnen zu machen. So kann auch ein besseres Leben führen, wer immer wieder ein Rendezvous mit dem eigenen Tod hat. Denn die erfahrbare Nähe des Todes ermöglicht uns, die Gegenwart als Augen-Blick des ewigen Gottes zu erleben.

Christliche Entdeckung der Langsamkeit

Zu solcher Wachsamkeit ruft uns die Zeit des Advents auf, die den wahren Sinn der Zeit überhaupt erschließt. Deshalb vermögen wir nur dann dem Kairos dieser Zeit gerecht zu werden, wenn wir ein schöpferisches und tätiges Warten pflegen, indem wir schwanger gehen mit dem kommenden Herrn, damit es an Weihnachten zu einer neuen Gottesgeburt in uns kommen kann. Als Christen dürfen wir sogar in der Überzeugung leben, dass der Anbruch der »Fülle der Zeit« schon geschehen ist, und zwar seit jenem ersten Weihnachten, an dem Gott selbst in Jesus Christus in unsere Welt gekommen ist. In dieser Glaubensüberzeugung können wir Christen nüchtern und ohne magische Erwartungen und zugleich dankbar in die Zukunft gehen, wie *Dietrich Bonhoeffer* auf sein letztes Lebensjahr zugegangen ist, der im Gefängnis in Vorahnung seiner drohenden Ermordung durch die verbrecherischen Schergen des Nationalsozialismus gebetet und gedichtet hat:

> »Von guten Mächten wunderbar geborgen
> erwarten wir getrost, was kommen mag.
> Gott ist bei uns am Abend und am Morgen
> und ganz gewiss an jedem neuen Tag.«

Christliches Leben im adventlichen Horizont befristeter Zeit kann in der Tat auch heute nur in zweierlei bestehen: im Beten und im Tun des Gerechten, und zwar in der Hoffnung auf den kommenden unbeirrbar treuen Gott. In dieser Hoffnung können sich Christen und Christinnen auch im neuen Jahrtausend in allen Gefahren in Gott geborgen und gerade deshalb zur Arbeit an den Herausforderungen der kommenden Zeit ermutigt und gestärkt wissen, indem sie »getrost erwarten, was kommen mag«.

Gebe Gott, dass der Advent für uns alle eine Zeit der Gnade wird und dass wir möglichst wenig zerfließenden *chronos* und möglichst viel adventlichen *kairos* erleben. Und gebe Gott, dass uns der Advent eine neue Einstellung zur Zeit schenkt und die christliche »Entdeckung der Langsamkeit« (Sten Nadolny) ermöglicht, die nur im Horizont jenes Gottes aufzuscheinen vermag, der adventlich im Kommen ist. Denn nur wer des ewigen Lebens Gottes gewiss ist, hat viel Zeit und wird die Erfahrung machen können, dass die Lebensintensität eines einzigen gelebten Augen-Blicks in der Gegenwart Gottes mehr ist als alles extensive Durcheilen unserer Lebenszeit: »Die Erfahrung der Gegenwart des ewigen Gottes bringt unser zeitliches Leben wie in einen Ozean, der uns umgibt und trägt, wenn wir in ihm schwimmen.«[6]

Solches Schwimmen in der Gegenwart des adventlich kommenden Gottes vermag uns jene gesunde Einstellung zur Zeit zurückzugeben, die wir dringend nötig haben, zumal in der heutigen Zeit, in der uns Menschen die Zeit immer mehr zum Problem geworden ist. Dies hängt vor allem damit zusammen, dass wir zwar immer länger, faktisch jedoch viel kürzer leben. *Marianne Gronemeyer* hat dies in ihrem Buch »Das Leben als letzte Gelegenheit« so ausgedrückt[7]: Die Menschen lebten früher 40 Jahre plus ewig. Heute jedoch leben sie nur noch 90 Jahre. Und dies ist ungemein viel kürzer. Umgekehrt aber haben wir mehr Zeit, wenn wir auf das ewige Leben hin leben und wenn wir von der Zukunft des ewigen Lebens her unsere Gegenwart gestalten. Und wenn wir im Glauben darum wissen, dass unser Leben nicht »die letzte Gelegenheit« ist, brauchen wir uns auch nicht krampfhaft an unserer Zeit festzukrallen. Hängt etwa die Gehetztheit des heutigen Lebens nicht doch damit zusammen, dass wir zuwenig von der Ewigkeit, vom Ausblick auf den Himmel her leben?

Das menschliche Leben gleicht in der Tat einer Hochschule im Erlernen des Umgangs mit der Zeit und in der Bewältigung des doppelseitigen Hauptproblems der heutigen Zeit, dass wir einerseits zuwenig Zeit haben und andererseits zuviel Zeit vergeuden. Dies können wir jedenfalls von Menschen lernen, die ihrerseits in ihrem Leben gelernt haben, mit der Zeit und dabei vor allem mit der Zukunft umzugehen. Ein solcher Mensch ist *Andrej Sinjawskij*, der immerhin sieben Jahre seines Lebens in Sibirien verbringen musste. Er vergleicht das menschliche Leben einmal mit einer »Dienstreise«: »Es ist kurz und verantwortungsvoll. Man kann nicht darauf rechnen, wie auf einen ständigen Wohnsitz, und sich Möbel anschaffen. Aber es ist einem auch nicht gestattet, die Zeit zu verbringen wie im Urlaub. Es sind einem Fristen gesetzt und Summen angewiesen … Wir alle befinden uns auf einer Dienstreise.«[8]
Ihnen, liebe Mitchristen, die Sie von Berufs wegen oft unterwegs sind, wünsche ich, dass Ihnen die vielen Dienstreisen, die Sie zu absolvieren haben, helfen, das Leben überhaupt als »Dienstreise« zu verstehen. Und ich wünsche Ihnen, dass Ihnen immer wieder Zeit, viel Zeit gegönnt sei. Denn »jedes gut Ding will Weile« haben. Dies gilt auch vom besten Ding auf Erden, von unserem Leben. Um es wirklich leben zu können, brauchen wir Zeit und – durchaus im Kontrast zur kurzweiligen Erlebnisgesellschaft von heute – den Mut zur gleichsam langen Weile, und dies heißt auch den Mut zur Konzentration und Meditation. Solchen Mut zur langen Weile wünsche ich Ihnen vor allem für die bevorstehenden Festtage.

Schöne Begleitung durch den Advent[9]

Auf unserem menschlichen Lebensweg sind wir selten allein; und wenn wir es sein müssen, fehlt uns etwas Wichtiges. Zumeist aber dürfen wir unseren Weg zusammen mit anderen Menschen gehen. Dies gilt auch für den christlichen Lebensweg, der in der Adventszeit besonders deutlich vor Augen tritt. Hier sind es vor allem zwei Gestalten, die uns begleiten und helfen, uns im Geheimnis der Adventszeit zu beheimaten: der alttestamentliche Prophet Jesaja und Johannes der Täufer, der an der Schwelle zum Neuen Testament steht. Beide Gestalten begleiten uns durch den Advent mit ihren guten Botschaften und freudvollen Verheißungen.

Adventliche Hoffnung auf neue Orientierung in den alltäglichen Wüstenerfahrungen

Solche hilfreiche Begleiter haben wir auch heute nötig, zumal wenn wir bedenken, wie es um uns steht. Der Prophet Jesaja beschreibt unsere menschliche Lebenssituation mit dem Bild der Wüste. Die Wüste ist freilich ein Bild für eine ambivalente Realität: Auf der einen Seite wirkt sie auf viele Menschen faszinierend und herausfordernd. Die Wüste ist für sie ein beliebter Ort, um ein Abenteuer zu erleben. Ihre Unübersichtlichkeit und Unwegsamkeit lockt die Freiheit und Neugierde des Menschen hervor. Auf der anderen Seite ist die Wüste aber auch Angst einflößend und den Menschen beunruhigend. Sie wirkt auf den Menschen gefährlich und macht ihm die seelische Obdachlosigkeit seines Lebens bewusst. Die Wüste ist auch der Ort der Versuchung des Menschen. Es ist kein

Zufall, dass selbst im Leben Jesu die Wüste zum Ort der Versuchungen geworden ist. Mit ihnen stand Jesus vor der grundlegenden Entscheidung seines irdischen Lebens, ob er seiner Ausrichtung am Willen Gottes treu bleiben will oder ob er seinem Leben eine neue Richtung geben soll, an dessen Ziel nicht mehr Gottes Heilswille für die Menschen, sondern seine eigene Befriedigung stehen wird.

Gerade die Versuchungen Jesu zeigen, dass die Wüste nicht nur ein geographischer Ort auf der Landkarte ist, sondern auch ein Bild für unsere menschliche Lebenssituation. In diesem Bild kommt die Unbehaustheit und Ungeborgenheit zum Ausdruck, von der unser Leben so oft geprägt ist. Die Wüste ist nämlich auch der Ort, an dem wir erfahren müssen, dass es uns an Lebenswasser mangelt, dass unsere Herzen vom Fruchtwasser der Liebe ausgetrocknet sind und dass wir uns in der Tiefe unseres Herzens nach Oasen sehnen, an denen der Boden unseres Lebens bewässert wird und mit Hilfe des Wassers neu fruchtbar zu werden vermag.

Von solchen Wüstenerfahrungen ist auch unser Glaubensleben keineswegs verschont. Deren elementarste besteht in einer grundlegenden Orientierungskrise, die wir heute in unserer Kirche und in der ganzen Gesellschaft erleben. Von daher wird uns die Wüste aber auch zum Bild unserer adventlichen Hoffnung darauf, dass uns neue Orientierung zuteil werde, und zwar in einem radikalen Sinn. Denn in der Sicht des christlichen Glaubens besteht die entscheidende Orientierung in der Hinwendung zu jenem Orient, von dem her uns Licht und Erleuchtung entgegenkommen: »Ex oriente lux!«

Gott kommt in den Sinnen zu uns Menschen

Dieses Licht und seine erhellende Kraft steht im Mittelpunkt des Advents, wie er uns in der alttestamentlichen Lesung sehr schön vor Augen gestellt wird. Hier ist davon die Rede, dass die Wüste und das trockene Land sich freuen und dass die Steppe jubeln und blühen soll. Hier wird die Verheißung ausgesprochen, dass die erschlafften Hände wieder stark und die wankenden Knie wieder fest werden können. Und hier wird den Menschen zugemutet, dass sie ihre Furcht verlieren und dafür neuen Mut fassen. Dies alles wird geschehen und kann sich einstellen, wenn jener Gott kommen wird, auf den wir im Advent warten und hoffen: »Seht, hier ist euer Gott … Er selbst wird kommen und euch erretten« (Jes 35,4). Und wenn dieser Gott kommt, dann kann unsere Welt und unser Leben wieder schön werden. Schön wird es allerdings nur durch Gott, weil er der Schöne schlechthin ist.

Diese Schönheit Gottes wird vor allem sichtbar in den Wirkungen, die sein Kommen hervorbringt: Gottes Schönheit öffnet die Augen der Blinden, macht die Ohren der Tauben offen und lässt die Stimme der Stummen aufjauchzen. Mit dem Kommen Gottes werden die menschlichen Sinne geheilt. Diese Verheißung hat Elementares zu bedeuten. Denn unsere Sinne sind die wichtigsten Mittel der zwischenmenschlichen Kommunikation. So oft spüren wir dies freilich erst, wenn sie beschränkt oder behindert sind. Dann schränken sie unsere Kommunikationsfähigkeit ein, und im Extremfall wird sie auf das Mindestmaß reduziert. Dann erleben wir Wüste.

Die befreiende Wirkung des Kommens Gottes liegt aber darin, dass es die menschlichen Sinne heilt. Mit dieser Heilung gibt es den Menschen zugleich die Möglichkeit zurück, in ein gesundes Zusammenleben mit anderen

Menschen wieder einzutreten. Gottes Heilshandeln besteht in der Wiederherstellung der Kommunikation und damit in der Ermöglichung wahrhafter Communio zwischen Gott und den Menschen und zwischen den Menschen. Dies ist das Ende der Wüste menschlicher Einsamkeit und das Erblühen der Oase menschlicher Gemeinschaft und Solidarität.

Wenn das adventliche Kommen Gottes auf die Heilung der menschlichen Sinne zielt, dann kann es nicht genügen, dass wir Menschen Gott nur theoretisch zur Kenntnis nehmen, um dann im Alltag weiterzuleben, als gäbe es ihn nicht. Denn ein nur theoretisch zur Kenntnis genommener Gott ist weder zum Fürchten noch zum Lieben. Es fehlt die elementare Leidenschaft an Gott und die Sehnsucht nach Gott, die unser Herz nach ihm ausgespannt sein lässt wie eine Sehne. Diese Sehnsucht aber setzt voraus, dass Gott von uns Menschen sinnlich erfahren werden will und es auch kann. Denn nur so wird Gott eine elementare Wirklichkeit unseres Lebens. Die biblische Botschaft lädt uns ein, Gott sinnlich zu erfahren, geradezu zu »schmecken«: »Schmeckt und seht, wie gütig der Herr ist« (Ps 34,9).

Gottes Schönheit genießen

Gott will auch unsere Sinne berühren und von uns sinnlich erfahren werden. Damit öffnet sich ein neuer Zugang zu einer grundlegenden Eigenschaft des biblisch offenbaren Gottes, die in unserer westlichen Glaubenstradition freilich immer wieder etwas ins Hintertreffen geraten ist. Denn in unserer Tradition standen stets die Wahrheit und das Gutsein Gottes im Vordergrund der Aufmerksamkeit. Demgemäß glauben wir, dass Gott wahr ist und dass wir deshalb seinem Wort trauen dürfen. Ebenso sind wir überzeugt, dass Gott gut ist und dass wir deshalb seinen Geboten folgen sollen.

Wahrheit und Gutsein sind ganz gewiss grundlegende Eigenschaften Gottes. Der Prophet Jesaja wirft aber nochmals neues Licht auf Gott: Wenn er kommt, dann wird man »die Herrlichkeit des Herrn sehen, die Pracht unseres Gottes« (Jes 35,2c). Dieser Verheißung zufolge ist Gott nicht nur wahr und gut, sondern auch und vor allem schön. Es macht das große Verdienst des katholischen Theologen und Kardinals *Hans Urs von Balthasar* aus, diese schöne Eigenschaft Gottes wieder in die Erinnerung gerufen zu haben: »Gott kommt nicht primär als Lehrer für uns (›wahr‹), als zweckvoller ›Erlöser‹ für uns (›gut‹), sondern um SICH, das Herrliche seiner ewigen dreieinigen Liebe zu zeigen und zu verstrahlen, in jener ›Interesselosigkeit‹, die die wahre Liebe mit wahrer Schönheit gemein hat. Zu Gottes Glorie ward die Welt erschaffen, durch sie und zu ihr wird sie auch erlöst.«[10] Wenn Gott aber vor allem schön ist, dann geht es im christlichen Glaubensleben nicht nur darum, auf das wahre Wort Gottes zu hören und seinen guten Geboten zu folgen. Dann geht es vielmehr auch darum, Gott in seiner wunderbaren Schönheit zu genießen und unser Herz an ihr erfreuen zu lassen.

Ja, die Schönheit Gottes genießen! Dies mag sich vielleicht zunächst seltsam anhören. Denn wir Menschen sind es gewohnt, allerhand in der Welt zu genießen: das Vergnügen und die Unterhaltung, die Freiheit und die Zerstreuung bis hin zu den vielfältig angebotenen Genussmitteln. Und um diesen Genuss zu fördern, brauchen wir dann manchmal sogar noch Gott, beispielsweise zur Verschönerung wichtiger Stunden unseres Lebens. Wir stehen dann freilich in der Gefahr, Gott zu betrachten und zu behandeln wie eine Kuh: Gibt sie Milch, ist es gut. Wenn nicht, bewegt sich der Drohfinger, der auf die Schlachtbank zeigt. Darin besteht die unausweichliche

Logik, wenn wir die Welt genießen und dazu Gott brauchen.
Der Prophet Jesaja ruft uns aber in Erinnerung, dass Gott so nicht gebraucht werden darf. Gebraucht werden sollen die weltlichen Dinge, nicht hingegen Gott. Gott ist nicht zu gebrauchen. Er kann nur genossen werden in seiner wunderbaren Schönheit. Diese Schönheit Gottes wiederzuentdecken und zu genießen, dazu lädt uns die Adventszeit in besonderer Weise ein.
Mit diesem dankbaren Lob auf die Schönheit Gottes kommen wir auch auf den tiefsten Grund unserer adventlichen Freude, die den Notenschlüssel zur Melodie des heutigen Dritten Adventssonntags bildet, der seit alter Tradition »Gaudete« heißt: »Freut euch!« Denn Grund zur Freude haben wir Menschen im Advent nicht aufgrund unserer eigenen Lebenssituation, die oft genug einer Wüste gleicht. Grund zur Freude haben wir vielmehr, weil Gott selbst kommen wird mit seiner Schönheit und Pracht und die Wüste unseres Lebens »prächtig blühen« lässt »wie eine Lilie«, so dass wir »jubeln und jauchzen« können (Jes 35,2a).

Genießbare Menschen werden

Den kommenden Gott in seiner Schönheit genießen, darin besteht die tröstliche und zugleich herausfordernde Einladung des christlichen Advents. Unser Glaube weiß dabei von einem Menschen, der für diese Einladung ganz offen gewesen ist, diese Einladung bereitwillig angenommen hat und dadurch, nämlich im Spiegelglanz der Schönheit Gottes, selbst ein schöner Mensch geworden ist. Dieser Mensch ist Maria, die Mutter Jesu Christi und unsere Mutter. Nicht zufällig beginnt ein altes schönes Marienlob mit den Worten: »Tota pulchra es, Maria.«

Unser Glaube preist Maria als die ganz Schöne. Schön ist Maria vor allem deshalb, weil sie sich ganz in Gott geborgen wusste und mit allen Sinnen für sein Kommen empfänglich war. Dadurch, dass sie durch den Backofen Gottes hindurchgegangen ist und seine Liebe genossen hat, ist sie selbst ein genießbarer Mensch geworden. Wie nämlich der Backofen beim Bäcker den noch nicht genießbaren Teig zu genießbarem Brot verwandelt, so verwandelt Gottes schöne Liebe den Menschen und lässt ihn aufgehen. Wir benötigen den Backofen der schönen Liebe Gottes, um selbst genießbare Menschen werden zu können.

Maria ist ein durch und durch genießbarer Mensch, weil sie ganz und gar aus dem Genuss der Schönheit des kommenden Gottes lebt. Maria will deshalb auch uns helfen, in diesem Advent genießbarere Menschen zu werden: genießbar für andere Menschen, genießbar zunächst für uns selbst und genießbar vor allem für Gott. Solche genießbare Menschen werden zu wollen: darin liegt doch auch das tiefste Motiv für unsere Wallfahrt zu Maria in ihrem Heiligtum in Mariazell. Öffnen wir ihr unser Herz und empfehlen wir ihrem fürbittenden Gebet unsere Anliegen und Sorgen! Dann wird sich uns Maria – zusammen mit dem Propheten Jesaja und Johannes dem Täufer – als treueste und hilfreichste Begleiterin durch den Advent erweisen.

Mit ihrem Schutz und Schirm begleitet Maria uns durch die Wüsten unseres Lebens und Glaubens. Sie nimmt uns bei der Hand und führt uns jenem Gott entgegen, der kommen wird, um auch unserer Wüste die Herrlichkeit des Libanon und die Pracht des Karmel zu schenken. Dann haben wir allen Grund, die Schönheit Gottes zu preisen und den Abglanz seiner Schönheit auf dem Antlitz Mariens dankbar zu loben. Dann kann es auch wieder schön werden mit uns und in unserem Leben, worin die tiefste Verheißung des Advents liegt. Und dann können auch wir wie Jesus auf die skeptischen Fragen der Menschen im Evangelium, ob sie noch auf einen anderen warten müssen, überzeugt antworten: »Geht und berichtet …, was ihr hört und seht: Blinde sehen wieder, und Lahme gehen; Aussätzige werden rein, und Taube hören; Tote stehen auf, und den Armen wird das Evangelium verkündet« (Mt 11,4–5). Ja, geht und berichtet, was Ihr Schönes erfahren habt, mit der hilfreichen Begleitung von Maria, der ganz Schönen!

Friedenskuss mit der Gerechtigkeit im christlichen Advent[11]

»Was hast Du mitgebracht?« Diese neugierige Frage pflegen Kinder jeweils zu stellen, wenn Besuch kommt. Damit können sie ihre Eltern in arge Verlegenheit bringen, weil diese eine solche Frage für unanständig halten. Die Kinder aber erspüren offensichtlich instinktiv eine tiefe Wahrheit: Zu einem richtigen Besuch gehört ein Geschenk, zumindest ein Mitbringsel. Mögen sich Eltern hin und wieder über ihre Kinder aufregen, wenn sie diese neugierige und unbescheidene Frage stellen; die Kinder hingegen werden von dieser Frage nicht lassen und gerade so auch einen neuen Zugang zum Geheimnis des Weihnachtsfestes und damit auch zur Herzmitte der Adventszeit ermöglichen. Denn im Blick auf den Besuch, der uns an Weihnachten ins Haus steht, ist diese Kinderfrage nicht nur nicht unanständig, sondern angebracht und geradezu geboten.

Weihnachtsbesuch nicht ohne Geschenk

»Was hast Du mitgebracht?« Diese Frage dürfen und müssen wir dem weihnächtlichen Besucher stellen, wenn wir Weihnachten in seinem tiefsten Kern erfassen wollen. Denn die eigentliche Tragik in der Art und Weise, wie wir heute manchmal Weihnachten feiern, liegt genau darin, dass selbst Christen und Christinnen nur noch das Weihnachtskind empfangen wollen, dabei aber verharmlosen oder gar verdrängen, was dieses Kind uns als Präsent mitbringen will, nämlich das Reich Gottes in Frieden und Gerechtigkeit für alle Menschen. Dies ist jenes Gottes-

reich, mit dem sich die Verheißung von Psalm 85 erfüllen wird: »Gerechtigkeit und Friede küssen sich.«
Es muss sich schon um ein recht eigenartiges Weihnachtskind handeln, wenn dessen Weihnachtsgeschenk die an es Glaubenden in so arge Verlegenheit zu bringen vermag. Oder wohl besser: Es muss eine eigenartige Christenheit sein, wenn sie das Weihnachtskind haben will – ohne seine Botschaft und Sendung und ohne sein Weihnachtsgeschenk des Gottesreiches in Frieden und Gerechtigkeit. Für eine solche Christenheit wird man freilich befürchten müssen, dass sie am Weihnachtsgeschenk vorbei nur noch das Weihnachtskind empfangen will und dabei dieses gerade verfehlt.
So aber waren weder Weihnachten noch der Advent ursprünglich und damit von Gott her gemeint. Bereits das alttestamentliche Volk Israel wartete und hoffte zwar durchaus auf einen einzelnen Besucher, auf den Messias und Heilsbringer. Diese Erwartungsgestalt des Messias erhält aber ihre eigentlichen Konturen erst von daher, dass der Messias derjenige sein wird, der das Gottesreich als Geschenk mitbringen wird. Auch die Gestalt des Menschensohnes, von der Christus selbst immer wieder spricht, meint zunächst »eine Gesellschaft, die endlich human ist«[12], nämlich die von Gott her entstehende neue Gesellschaft der Menschen; und nur von daher verweist sie dann auch auf eine einzelne Gestalt. Jedenfalls ist stets beides mitzuhören: der Menschensohn als Initiator und die von ihm initiierte neue Gesellschaft der Menschen. Der »Menschensohn« bezeichnet diese Gesellschaft, die endlich menschlich sein wird, weil gestaltet im Geiste des Friedens und der Gerechtigkeit. Zugleich ist der »Menschensohn« aber jene Gestalt, die diese neue Gesellschaft errichten wird. Die Adventsgestalt des Menschensohnes und das Weihnachtsgeschenk der neuen Gesellschaft gehören unlösbar zusammen und lassen sich nicht voneinander separieren.

Diesen unlösbaren Zusammenhang bringt der Prophet Jesaja prägnant zum Ausdruck. Nach der Rückkehr Israels aus dem babylonischen Exil tröstet er die Entmutigten und kündet ihnen an, Gott selbst werde helfend eingreifen. Dieses Eingreifen Gottes wird darin bestehen, dass den Armen die Heilsbotschaft gebracht wird, dass alle geheilt werden, deren Herz zerbrochen ist, dass für die Gefangenen Entlassung und die Gefesselten Befreiung ausgerufen und dass ein Gnadenjahr des Herrn verkündet wird, das sich auszeichnen wird durch Frieden und Gerechtigkeit und deshalb durch Heil (Jes 61,1–3).

Dies ist genau jene Verheißung, die Jesus später in der Synagoge von Nazaret wiederholen und auf sich selbst anwenden wird: »Heute hat sich das Schriftwort, das ihr eben gehört habt, erfüllt« (Lk 4,21). Denn auch Jesus, das erwartete Weihnachtskind, hat, als es laufen lernte und durch Galiläa zog, seine Botschaft in der Ansage zusammengefasst, dass das Reich Gottes den Menschen nahe gekommen ist. Für dieses Weihnachtskind kann es Gott, den es verkündete, nicht geben ohne sein Reich. Ebenso wenig kann es deshalb für uns Christen heute das Weihnachtskind geben ohne sein Weihnachtsgeschenk einer neuen Gesellschaft der Menschen, die endlich menschlich ist und deshalb in Frieden und Gerechtigkeit leben kann.

Gott also nicht ohne sein Reich, das Weihnachtskind nicht ohne sein Weihnachtsgeschenk des Gottesreiches und deshalb auch keine adventliche Hoffnung ohne die drängende Sehnsucht nach diesem Gottesreich des Friedens und der Gerechtigkeit! Christliche Adventsfrömmigkeit und öffentlich-politische Verantwortung für Gerechtigkeit und Frieden gehören deshalb unlösbar zusammen.

Für den biblischen Glauben ist es dabei von entscheidender Bedeutung, dass es die Gerechtigkeit ist, die darüber befindet, was in Tat und Wahrheit als »Frieden« bezeichnet zu werden verdient, wie es in Psalm 85 zum Ausdruck kommt: »Gerechtigkeit und Friede küssen sich«. Wenn wir diesen biblischen Friedenskuss mit der Gerechtigkeit ernst nehmen, dann kann es dort keinen Frieden geben, wo nicht der Gerechtigkeit gedient wird. Denn die Gerechtigkeit ist, wie Kardinal *Carlo Maria Martini* treffend sagt, »die Tugend des Ausgleichs in allen Beziehungen«: »In ihr steckt die Wurzel des Friedens.«[13] Die Zwillingsschwester des Friedens heißt im christlichen Verständnis deshalb nie nur Sicherheit oder Freiheit, sondern immer Gerechtigkeit: »Opus iustitiae pax!« Wenn die Gerechtigkeit für eine Gestaltung des Zusammenlebens steht, in der die Menschen sich in der Unantastbarkeit ihres Lebens und in ihrer gleichen Würde anerkennen und achten, dann kann es prinzipiell nur einen »gerechten Frieden« oder gar keinen geben. Ein »gerechter Krieg« ist demgegenüber ein hölzernes Eisen.

Weihnachtsgeschenk nicht ohne Besucher

Gott nicht ohne sein Reich und das Weihnachtskind nicht ohne sein Geschenk! Freilich muss heute auch die umgekehrte Seite derselben weihnächtlichen Wahrheit betont werden: Das Reich in Frieden und Gerechtigkeit nicht ohne Gott und deshalb auch das Weihnachtsgeschenk nicht ohne Weihnachtskind! Diese Wahrheit muss gerade in der heutigen Situation in Erinnerung zurückgerufen werden, die gekennzeichnet ist von einem weitgehenden Verblassen des biblisch-christlichen Bildes Gottes als eines in der Geschichte der Menschen gegenwärtigen und zugunsten menschlicher Gerechtigkeit handelnden Gottes und in der der seit der europäischen Aufklärung aufgekommene Deismus praktisch ins allgemeine Bewusstsein der Menschen durchgedrungen ist. Dieser Deismus zeigt sich selbst unter Christen und Christinnen darin, dass auch sie oft leben, »etsi Deus non daretur«, als ob es Gott nicht gäbe, oder dass sie nach dem Slogan handeln, dass, wenn Gott existiert, er uns im alltäglichen Lebensbetrieb und in unserem Engagement für mehr Gerechtigkeit nicht viel angeht.

Von daher ist auch die heute selbst unter Christen dominierende Tendenz zu verstehen, am Reich des Friedens und der Gerechtigkeit zu arbeiten, darin den Gottesglauben praktisch zu bewähren, ihn freilich auch darin aufgehen zu lassen. Damit aber droht das gewiss nicht leichte Engagement für Frieden und Gerechtigkeit um den Wärmestrom des Glaubens gebracht zu werden, der die Beziehung mit Gott mit der Praxis der Barmherzigkeit und dem Einsatz für Gerechtigkeit zu verbinden vermag. Das diesbezügliche Problem besteht darin, dass die Kirche gerade heute in der Versuchung steht, auf den gesellschaftlichen Säkularisierungsprozess weithin mit einer Ethisierung der Religion zu antworten, damit aber den Säkularisierungsprozess in einem Prozess der Selbstsäkularisierung aufzunehmen, was der evangelische Bischof von Berlin-Brandenburg, *Wolfgang Huber*, mit Recht diagnostiziert: »Die moralischen Forderungen der Religion wurden zum dominierenden Thema; die transmoralischen Gehalte der Religion, die Begegnung mit dem Heiligen, die Erfahrung der Transzendenz traten in den Hintergrund.«[14]

Demgegenüber erblickt Bischof Huber die wichtigste Aufgabe der Kirche in der heutigen Zeit darin, »den alle Moral überschreitenden Gehalt des christlichen Glaubens in seiner Bedeutung für die Orientierungsprobleme der Gegenwart zu verdeutlichen«[15]. Von daher fordert er die Kirche auf, ihre spezifisch religiöse Kompetenz engagiert zur Geltung zu bringen, weil Gotteserkenntnis, Gerechtigkeit und Barmherzigkeit die drei entscheidenden Themen sind, mit denen die Kirche auf die Herausforderungen der heutigen Gesellschaft antworten muss. Denn in diesen drei Themen liegen die elementaren Lebenskräfte und Lebenssäfte einer zukunftsfähigen Gesellschaft verborgen.

Für den christlichen Glauben versteht es sich von selbst, dass bei dieser Trias der Gotteserkenntnis der eindeutige Primat zukommt. Denn nur wenn die Kirche die Kostbarkeit jener Wahrheit im Blick hat, die ihr anvertraut ist, kann sie sich gelassen und entschieden zugleich den gesellschaftlichen Herausforderungen von heute stellen. Darin liegt die Kernmitte der christlich verstandenen und gelebten Adventszeit, wie sie von der erzadventlichen Gestalt Johannes des Täufers und seiner »Stimme in der Wüste« verdeutlicht wird: »Bereitet dem Herrn den Weg! Ebnet ihm die Straßen!« (Mt 3,3). Damit wird unmissverständlich deutlich, dass das entscheidende Handeln, das der Advent der Kirche zumutet, Arbeit der Wegbereitung für das Kommen des Herrn ist.

Gottes Gerechtigkeit und christliche Friedensverantwortung

Das Weihnachtsgeschenk des Gottesreiches also nicht ohne Gott, in dessen Lebensraum sein Reich allererst erblühen kann; und deshalb kein politisches Engagement der Christen für Frieden und Gerechtigkeit ohne neue Verwurzelung im biblisch offenbaren Gott! Bei dieser Konzentration auf die Gottesfrage handelt es sich gerade nicht um ein Ablenkmanöver von der ethischen Verantwortung der Christen, wie heute vorschnell beargwöhnt wird. Ganz im Gegenteil. Denn der biblisch offenbare Gott ist selbst ein sittlicher, geradezu hochpolitischer Gott, der in die Gerechtigkeit für alle Menschen verliebt ist. Keine andere Religion ist derart eine Religion des Gottesrechtes wie diejenige Israels. Dabei ist es der Bund, den Gott mit seinem Volk geschlossen hat, der die Rechtsgemeinschaft der Israeliten untereinander begründet. Durch die Erwählung Israels zielt der Bund Gottes aber auf alle Völker, so dass die von Israel erwartete Gemeinschaft des Rechts Gottes alle Nationen umfassen wird.

Darin kommt die unlösbare Zusammengehörigkeit von der Gemeinschaft der Menschen mit Gott einerseits und der Rechtsgemeinschaft der Menschen untereinander andererseits zu deutlichem Ausdruck. In der biblischen Sicht kann deshalb die Bestimmung der Menschen zur Gemeinschaft mit Gott nie wirklich werden ohne die durch Recht und Gerechtigkeit geordnete Gemeinschaft der Menschen untereinander. Und deshalb kann man mit diesem Gott keine Gemeinschaft haben, ohne auch zur Rechtsgemeinschaft mit allen Menschen verpflichtet zu sein. Bereits im Alten Testament gibt es »keinen Begriff von so zentraler Bedeutung für alle Lebensbeziehungen der Menschen wie den der zedaka«[16], der Gerechtigkeit. Diese gibt nicht nur den Maßstab für das Verhältnis der Menschen zu Gott ab, sondern von daher auch für das Verhältnis der Menschen untereinander und für das Verhältnis der Menschen zu ihren Mitgeschöpfen. Einzig und allein durch seine Gerechtigkeit schafft Gott Frieden, und zwar einen solchen Frieden, der wirklich Bestand hat.

Die Friedensverantwortung und das Engagement der Christen für Gerechtigkeit sind deshalb entschieden am Gottesrecht orientiert. Denn der biblische Gott ist Gott aller Menschen, er ist in die Gerechtigkeit für alle Menschen verliebt, und er motiviert und inspiriert die Christen zum Einsatz für eine gerechte(re) Verteilung der Lebensmöglichkeiten. Dies aber bedeutet zugleich, dass es ohne Rückkehr zu diesem Gott und ohne Orientierung an seinem Willen keinen dauerhaften Frieden geben kann. Die christliche Option für Gerechtigkeit hat ihren tiefsten Grund und ihre stärkste Motivation vielmehr in der Option für den biblisch offenbaren Gott des Rechts und der Gerechtigkeit.

Darin liegt im Kern die biblische Perspektive der Adventsbotschaft, wie sie zum Ausdruck kommt in Psalm 85, dessen 11. Vers das Leitmotiv meiner Adventsbetrachtung abgegeben hat: »Gerechtigkeit und Friede küssen sich.« Freilich ist es jetzt an der Zeit, diesen Vers im ganzen Kontext zu lesen. Dieser Kontext aber ist Gottes Zusage seines Heils: »Ich will hören, was Gott redet: Frieden verkündet der Herr seinem Volk und seinen Frommen, den Menschen mit redlichem Herzen. Sein Heil ist denen nahe, die ihn fürchten. Seine Herrlichkeit wohne in unserem Land. Es begegnen einander Huld und Treue; Gerechtigkeit und Friede küssen sich. Treue sprosst aus der Erde hervor; Gerechtigkeit blickt vom Himmel hernieder. Auch spendet der Herr dann Segen, und unser Land gibt seinen Ertrag. Gerechtigkeit geht vor ihm her, und Heil folgt der Spur seiner Schritte« (Ps 85,9–14).

Die Gerechtigkeit kommt vom Himmel hernieder. Wenn wir dieser Verheißung trauen, werden wir unserer Erde nicht untreu, wenn wir im Advent unseren Blick zum Himmel richten. Von dorther kommen sowohl das Weihnachtskind als auch sein Geschenk, die man nicht voneinander trennen darf. Weder kann man nur das Weihnachtskind ohne sein Geschenk empfangen wollen, noch kann man so auf das Geschenk allein fixiert sein, dass man darob seinen Geber vergisst. Der Advent lädt uns vielmehr ein, wach zu werden für beides, nämlich das Geschenk in Empfang zu nehmen und es für die heutige Welt zu öffnen, aber auch und vor allem dem Geber dieses Geschenks die Ehre zu erweisen. Dass dies zwei Seiten derselben Medaille sind, wird vollends deutlich an Weihnachten selbst, in dessen Mittelpunkt die Verkündigung des göttlichen Doppelbeschlusses steht: »Verherrlicht ist Gott in der Höhe, und auf Erden ist Friede bei den Menschen seiner Gnade« (Lk 2,14).

Möge dieser weihnächtliche Doppelbeschluss Gottes der Notenschlüssel für die Melodie der Adventszeit sein; und möge er an Weihnachten Ihr Herz erfüllen, damit der in der heutigen Welt so notwendige Kuss des Friedens mit der Gerechtigkeit von jenem Wärmestrom durchdrungen sein wird, den wir selbst nicht machen können, der uns vielmehr von Gott geschenkt wird und der Gott selbst ist. In diesem Sinn wünsche ich Ihnen bereits heute ein friedvolles und gesegnetes Weihnachtsfest.

Architektonischer Dienst
an einer adventlichen Kirche[17]

Die heutige Weihe der renovierten Kirche ist gewiss ein Anlass großer Freude. Sie dürfen nach viel Aufwand und großer Arbeit auf ein gelungenes Werk stolz sein. Ein Kirchengebäude ist ja gleichsam das Wahrzeichen einer christlichen Pfarrei. Es ist der Versammlungsort der Gläubigen, die sich zum Lobe Gottes und zum Gebet zusammenfinden. Es ist gut, wenn sich die Menschen in diesem Gebäude zuhause und geborgen fühlen. Dennoch ist das Kirchengebäude in der christlichen Kirche nicht das Entscheidende. Es ist vielmehr grundlegend, dass wir alle, wie Paulus sagt, »Gottes Tempel« sind (1 Kor 3,16). Das Kirchengebäude hat eine elementare Dienstfunktion, um dieses Entscheidende deutlicher hervortreten zu lassen. Es ist wichtig, sich dies auch und gerade am Festtag der Weihe der renovierten Kirche in Erinnerung zu rufen. Denn die Gefahr ist nicht klein, dass Institutionen, denen eine Dienstfunktion zukommt, sich plötzlich wichtiger nehmen wollen als jene Wirklichkeit, in deren Dienst sie stehen.

Adventliche Vorläufigkeit auf Christus hin

Es ist von daher ein sinnvolles Zusammentreffen, dass wir die Kirche in der Adventszeit einsegnen dürfen. Denn der Advent ist jene Zeit, die uns am deutlichsten bewusst macht, was die Kirche im Tiefsten ist. Der Advent ist nicht nur die Zeit vor Weihnachten, die an das lange Warten auf die Geburt Jesu Christi erinnert. Advent ist vielmehr immer, solange die Kirche unterwegs ist. Die Kirche ist immer im Advent, auch wenn dies in den letzten Wochen eines Kirchenjahres und am Beginn eines neuen entschiedener im Mittelpunkt des kirchlichen Feierns und Betens steht. Die Adventszeit macht uns so bewusst, dass ein Christ ein durch und durch adventlicher Mensch und dass die Kirche eine ganz und gar adventliche Gemeinschaft ist.

Was dies genauer heißt, zeigt uns Johannes der Täufer, die adventliche Figur schlechthin. Der Maler *Matthias Grünewald* hat ihm ein sprechendes Ehrendenkmal gestiftet. Im Mittelpunkt seines weltbekannten spätgotischen Isenheimer Flügelaltars in Colmar steht das Kreuz Jesu Christi vor einer dunklen und leeren Landschaft. Zur Rechten des Kreuzes ist die mächtige Gestalt des Täufers Johannes dargestellt. Mit ausgestreckter Hand, deren Zeigefinger expressiv verlängert ist, weist er hin auf den Gekreuzigten. Auf dem Hintergrund hat der Maler in lateinischer Sprache ein entscheidendes Wort des Täufers aus dem Johannesevangelium hingeschrieben, das das Bild deutet: »Er muss wachsen, ich aber muss kleiner werden« (Joh 3,30). Der Täufer ist ganz auf den Schmerzensmann am Kreuz konzentriert und doch zugleich dem Blick des Beschauers zugewandt, gleichsam als wolle er alle betrachtenden Blicke sammeln und in die richtige Richtung seines Zeigefingers lenken: »Dieser ist es!« Diese Gebärde des Von-sich-weg-Weisens und Auf-Jesus-hin-Weisens ist das verdichtende Symbol seines ganzen Lebens geworden. Im buchstäblichen Sinn des Wortes ist Johannes der Täufer ein vor-läufiger Mensch, genauerhin ein Mensch, der darum weiß, dass er stets hinter dem zurückbleibt, auf den er hinweist und dem er vorausläuft. Sein ganzes Leben war letztlich nichts anderes als ein lebender Zeigefinger auf Jesus Christus hin.

Der große Schweizer Theologe und Kardinal *Hans Urs von Balthasar* hat einmal von sich bekannt, sein theologisch-literarisches Werk wolle nichts anderes sein als ein Johannesfinger, der auf Christus hinweist. Auf Christus hinzuzeigen, wie der Täufer es auf dem Kreuzigungsbild des Isenheimer Altars tut: darin liegt freilich nicht nur die Sendung der Theologie, sondern auch der tiefere Sinn und die eigentliche Aufgabe eines Kirchengebäudes. Es ist ein durch und durch adventliches Bauwerk, das verdeutlicht, dass auch die Grundberufung des Christen und der Kirche in diesem permanenten Hinweis auf Christus besteht.

In diesem Sinne hat die Kirche heute jene adventliche Rolle zu übernehmen, die damals dem Täufer zugekommen ist. Sie hat sich dabei bewusst zu sein, dass auch sie nie über diese vorläufige Rolle des Täufers hinauskommen kann, sondern immer wieder neu auf sie zurückkommen muss. Wenn Johannes nämlich ein vorläufiger, ein auf Christus hin vorlaufender Mensch gewesen ist, dann kann auch die Kirche nur eine vorläufige, adventlich auf Christus hin vorlaufende Kirche sein. Und wie der Täufer nie auf sich gezeigt, sondern stets von sich weggewiesen und allein auf den kommenden Christus hingewiesen hat, so hat auch die Kirche keine andere Aufgabe als die, ein lebendiger und sprechender Fingerzeig auf Christus hin zu sein, der jenes Fundament ist, auf dem die Kirche aufgebaut ist. »Denn einen anderen Grund kann niemand legen als den, der gelegt ist: Jesus Christus« (1 Kor 3,11).

Dies gilt auch von einem Kirchengebäude. Auch dieses soll ein sprechender Zeigefinger auf Christus hin sein wie Johannes der Täufer. Die Kirche als Gebäude gibt es letztlich nur deshalb, damit die Kirche aus lebendigen Menschen leben und ihren Auftrag erfüllen kann. Das Kirchengebäude gibt es deshalb, damit sich auch heute ereignen kann, was im adventlichen Evangelium als befreiende Begegnung zwischen Jesus und dem Zöllner Zachäus berichtet wird.

Ort der göttlichen Heimsuchung

Bei dieser Begegnung geht die Initiative von Jesus aus. Jesus geht auf den Zöllner Zachäus zu und sagt: »Zachäus, komm schnell herunter! Denn ich muss heute in deinem Haus zu Gast sein« (Lk 19,5). Zachäus nimmt zwar Jesus freudig als Gast bei sich auf. Dennoch ist Jesus derjenige, der die Initiative ergreift und Zachäus heimsucht. So verhält es sich auch heute, wenn wir uns zur Feier der Gegenwart Jesu Christi in seinem Wort und im eucharistischen Sakrament in der Kirche zusammenfinden. Auch in unserer gottesdienstlichen Versammlung ist Jesus Christus Gast und Gastgeber zugleich. Von ihm geht alle Initiative aus.
Gerade in der gottesdienstlichen Versammlung will der Vorrang, den Christus in allem hat, konkret und sichtbar werden. Dieser Vorrang hat für unser christliches und kirchliches Leben Grundlegendes zu bedeuten: Christus schafft die Voraussetzung; ihr haben wir zu entsprechen. Er legt den Grund, auf dem wir uns bewegen. Deshalb sind es nicht unser zusammengeballter guter Wille, aber auch nicht unser investierter Gemeinschaftssinn, die die Gegenwart Jesu Christi am Tisch des Wortes und am Tisch des Brotes schaffen könnten. Es verhält sich vielmehr umgekehrt: Die Gegenwart Jesu Christi in seinem Wort und im Sakrament bindet uns Glaubende zur Gemeinschaft zusammen. Nicht weil wir Christen eine so großartige Gemeinschaft wären, könnten wir uns auch den Luxus leisten, den Herrn Jesus Christus in unsere Mitte einzuladen. Unsere Hoffnung kann vielmehr nur auf das freiwillige Kommen Jesu Christi zu uns heutigen Sündern zielen. Denn wir Christen sind Kirche, nicht weil *wir* gut wären, sondern weil *Er* gut ist und zu uns Menschen kommt. Wir Christen sind sogar Heilige, allerdings nicht, weil *wir* makellos wären und keine Fehler machen

würden. Wir sind vielmehr Heilige, weil *Er* uns – wie damals den neugierigen Betrüger Zachäus – von der Palme herunterholt und bei uns einkehrt, um uns sündige und oft genug ich-süchtige Menschen in liebende Schwestern und Brüder umzuwandeln.

Marianische Wohnung für die Gegenwart Christi

Auf diese Umwandlung von uns Menschen zielt das adventliche Kommen Jesu Christi in die gottesdienstliche Versammlung. Diesem Kommen Christi hat das Kirchengebäude zu dienen. Es hat letztlich keinen anderen Sinn als den, Raum für die Gegenwart Jesu Christi zu ermöglichen, damit sich auch heute die Zusage Jesu an Zachäus bewahrheiten kann: »Heute ist diesem Haus das Heil geschenkt worden« (Lk 19,9). Ein Kirchengebäude ist in den Augen des Glaubens gleichsam die adventliche Audienzhalle für das Kommen Christi in die gottesdienstliche Versammlung der Glaubensgemeinschaft. In diesem Sinne darf man sogar sagen, dass ein Kirchengebäude zur Wohnung Jesu Christi unter uns Menschen bestimmt ist. Vielleicht mag dies auf das erste Hinhören seltsam klingen. Doch für eine Pfarrei, die Maria Mittlerin geweiht ist, muss sich dies von selbst verstehen. Denn Maria hat so gelebt, dass sie für Gott ganz durchlässig, dass sie für Gott ganz »bewohnbar« und dass sie selbst ein Ort Gottes geworden ist. Maria hat ihren Leib und damit sich selbst zur Verfügung gestellt, auf dass er ein Ort von Gottes Wohnen in der Welt werden konnte. Maria hat ihren Leib dem Sohn Gottes dadurch bereitet, dass sie sich ganz dem Willen des Vaters übereignet und so ihren Leib als Wohnung des Heiligen Geistes verfügbar gemacht hat. Wie Maria das menschliche Zelt für die Einwohnung Jesu

Christi gewesen ist, so ist auch ein Kirchengebäude dazu bestimmt, gleichsam der Mutterleib für die Gegenwart Jesu Christi in seiner Kirche zu sein, damit sie als Gemeinschaft der Glaubenden selbst zu einer glaubwürdigen Wohnung Gottes werden kann.

Von diesem marianischen Geheimnis her werden wir als Kirche nochmals und erst recht in unsere adventliche Rolle in der Nachkommenschaft des Johannes des Täufers eingewiesen. Denn der vorläufige Lebensstil des Johannes muss auch die Lebenshaltung der Kirche prägen. Sie hat nichts Anderes und Besseres zu tun, als mit ihrem Leben und Wirken auf Jesus Christus hinzuweisen und von ihm in der heutigen Welt Zeugnis abzulegen. Die Kirche gibt es letztlich nur deshalb, damit die befreiende Botschaft von Gott und seinem Heilshandeln in Jesus Christus auch in der heutigen Welt verkündet wird. Wenn wir als Kirche in dieser adventlichen Grundhaltung leben, werden wir im besten Sinne des Wortes eine vor-läufige, weil auf Jesus Christus hin vorlaufende Kirche.

Glaubensgrund adventlicher Freude

Darin liegt freilich eine große Zumutung an uns Christen und Christinnen heute verborgen. Deshalb kann immer wieder die Versuchung über uns kommen, nun doch über die adventliche Rolle des Johannes des Täufers hinauskommen zu wollen und zu meinen, es auch zu können. Hand aufs Herz: Wie oft finden wir uns mit einer adventlich vorläufigen Kirche nicht zurecht und erträumen uns stattdessen eine weihnächtliche und deshalb perfekte Kirche, in der alles rund läuft und in der es keine Konflikte gibt? Nur zu selten geben wir uns dann Rechenschaft darüber, dass eine perfekte Kirche auch eine furchtbar unmenschliche Kirche wäre. Denn wer von uns – mich eingeschlossen – hätte in einer perfekten Kirche schon Platz?

Gott aber wünscht sich – Ihm sei es gedankt! – keine perfekte und deshalb auch keine vollkommen weihnächtliche Kirche. Er wünscht sich vielmehr eine adventlich menschliche Kirche und nimmt es deshalb auch in Kauf, dass diese menschliche Kirche immer wieder als allzu menschliche Kirche in Erscheinung tritt. Gott hat seiner Kirche die adventliche Rolle des Johannes des Täufers zugedacht. Über diese können wir nie hinauskommen; wir müssen uns vielmehr immer wieder neu an sie herantasten. Nur auf diesem Weg wird nicht aus unserem Glaubensbewusstsein entschwinden, dass der tiefste Grund unserer Glaubensgewissheit nicht einfach der jeweilige Zustand unserer Kirche sein kann, sondern einzig und allein derjenige Herr, auf den Johannes der Täufer hingewiesen hat und auf den hinzuweisen der adventliche Grundauftrag auch der Kirche heute ist. Wenn wir wenigstens dies von Johannes dem Täufer lernen, dass Christus im Mittelpunkt der Kirche steht, dann werden wir auch heilsam davon befreit, allein um die Kirche und ihre Probleme zu kreisen. Dann fangen wir vielmehr an, zu verstehen, dass die Kirche vorläufig ist wie Johannes der Täufer.

In dieser vorläufigen Lebenshaltung vermag auch der wahre Grund unserer adventlichen Freude aufzuleuchten. Dieser kann nicht in der Kirche selbst liegen, sondern allein bei Gott – und bei der Kirche nur insofern, als Gott selbst in ihre Mitte kommt und Ankunft, Advent hält. Grund zur Freude haben wir Christen nicht, weil wir eine so großartige Gemeinschaft wären, sondern Grund zur Freude haben wir nur, weil sich in der Kirche nicht alles um die Kirche dreht, sondern um Gott, der in unserer Mitte sein will, und weil deshalb die Kirche nicht nur das lebendige Wort Gottes verkündet, sondern selbst ein Lebensort Gottes ist.

Im Dienst an einer solchen lebendigen Glaubensgemeinschaft zu stehen ist der schöne Zweck des Kirchengebäudes, das wir heute weihen dürfen. Mit dieser Weihe übergeben wir es seiner Sinnbestimmung, als Wohnung Gottes und als adventliche Audienzhalle für das Kommen Jesu Christi in die gottesdienstliche Versammlung der Glaubensgemeinschaft zur Verfügung zu stehen. Darin liegt auch der tiefste Grund unserer Freude am heutigen Festtag, die uns stolz sein lässt auf das gelungene Werk. Und wenn dieser Grund der Freude identisch ist mit dem Grund unserer adventlichen Freude überhaupt, dann werden wir dem schönen Zusammentreffen gerecht, dass die Einsegnung nicht nur mitten im Advent erfolgt, sondern auch im Vorzeichen und in der Glaubenshaltung des Advents steht, der uns auf den kommenden Herrn vorlaufen lässt. Bitten wir Gott, dass die Weihe des Kirchengebäudes dieses heute und in Zukunft seinen architektonischen Dienst am Aufbau einer wahrhaft adventlichen Kirche erfüllen lässt.

»Ephata«: Verschlossenheit der Angst oder adventliches Vertrauen?[18]

Dankbarkeit und Freude »im Herrn«

»Freut euch im Herrn zu jeder Zeit!« Dieser freudenvolle Ausruf des Apostels Paulus in seinem Brief an die Philipper (4,4) steht im Mittelpunkt des Dritten Adventssonntags, der gemäß einer schönen Tradition auch »Gaudete« heißt. Der Name dieses Sonntags ist somit zugleich sein Programm. Er steht ausdrücklich im Vorzeichen der Freude, genauerhin jener Freude, die den ganzen Advent prägt. Freude ist gewiss auch der Notenschlüssel der Melodie des Dreißig-Jahr-Jubiläums Ihrer Pfarrei, das Sie feiern durften und mit dem heutigen Gottesdienst beschließen. Ein solches Jubiläum ist zunächst ein willkommener Anlass, auf die verflossenen Jahre zurückzublicken und sie dankbar in die Hand Gottes zurückzulegen. Denn er ist der Herr aller Zeit. Wir dürfen aber auch dankbar sein für all das Gute und Fruchtbare, das engagierte Christen und Christinnen im Laufe der vergangenen dreißig Jahre in dieser Pfarrei gewirkt haben und auch heute tun. Auch dies ist Grund zur Freude.

Dennoch stellt sich die berechtigte Frage, ob man denn derart emphatisch zur Freude aufrufen darf, wie es Paulus tut. Man gewinnt ja beinahe den Eindruck, dass Paulus mit geistlicher Vollmacht den Philippern Freude befiehlt. Lässt sich aber Freude vorschreiben? Diese Frage stellt sich zumal in der heutigen Situation unserer Gesellschaft, in der wir uns in vielerlei Hinsicht in einer tiefgreifenden Krise befinden. Aber auch in der Kirche ist heute viel von Enttäuschung und Resignation die Rede, weshalb ein gewisses Defizit an Freude auch in ihr zu beklagen ist. Freude scheint in der heutigen Welt und Kirche überhaupt zur Mangelware geworden zu sein. Wie soll man da zur Freude aufrufen oder sie gar befehlen?

In dieser Situation hilft uns nur ein genaues Hinhören auf Paulus weiter. Denn er nennt nur einen Grund, weshalb wir uns freuen sollen. Schon in seinem Aufruf präzisiert er: »Freut euch *im Herrn*!« Unsere Freude hat also einen präzisen Grund und einen genauen Ort: »im Herrn«. Paulus begründet seinen Aufruf weiter mit der tröstlichen Feststellung: »Der Herr ist nahe!« Grund zur Freude haben wir also nicht einfach wegen des gegenwärtigen Zustandes unserer Gesellschaft oder wegen der heutigen Situation unserer Kirche. Grund zur Freude haben wir vielmehr nur, weil der Herr uns nahe ist.

Heilende Nähe des Herrn

Der Herr ist uns nahe! Diese Ansage ist das eigentliche Lebenselixier des christlichen Advents und deshalb auch der tiefste Grund der Freude anlässlich eines Pfarreijubiläums. Von daher ergibt sich uns von selbst die weitere Frage, auf welche Weise uns der Herr nahe ist. Auf diese entscheidende Frage gibt das Evangelium (Mk 7,31–37), das Sie für Ihr Pfarreijubiläum ausgewählt haben und dessen »Ephata« Sie als Motto durch das ganze Jahr hindurch begleitet hat, eine sehr schöne Antwort: Der Herr ist uns vor allem darin nahe, dass er Menschen heilt.

Jesus heilt konkret einen Taubstummen, der weder reden noch hören kann und deshalb der großen Gefahr ausgesetzt ist, beziehungslos zu werden oder es schon zu sein. Der Taubstumme steht freilich exemplarisch für alle Menschen, die von Isolation, Vereinsamung und Beziehungslosigkeit bedroht sind. Diese Menschen aber sind die bevorzugten Adressaten der Heilungstätigkeit Jesu. Es ist kein Zufall, dass das Neue Testament bei den Wunderzeichen Jesu vor allem die Heilung von Aussätzigen und Besessenen, von Tauben, Blinden und Stummen hervorhebt:

- Die Aussätzigen gehörten zur Zeit Jesu aufgrund ihrer Krankheit zu den Isoliertesten und Verlassensten der Menschen, weil sie von jedem Kontakt mit anderen exkommuniziert waren. Jesus aber reintegrierte sie in die Gemeinschaft der Menschen, indem er sie heilte.
- Die Besessenen waren sehr oft stumm oder sprachen die Sprache des Bösen, was sie von der menschlichen Gemeinschaft ausschloss. Von daher bedeutete Jesu Dämonenaustreibung Befreiung aus ihrer Isolierung, Neuermöglichung von sozialen Beziehungen und Wiederherstellung zwischenmenschlicher Kommunikation.
- Die Sinne der Ohren, der Augen und der Stimme sind dem Menschen als elementare Mittel der Kommunikation geschenkt. Ihr Fehlen aber kann beziehungslos machen. Deshalb gab Jesus den Tauben, Blinden und Stummen mit ihrer Heilung zugleich die Möglichkeit zurück, in ein gesundes Zusammenleben mit anderen Menschen wieder einzutreten.

Jesus erweist sich somit als wahrer Therapeut, und zwar im ursprünglichen Sinne des Wortes. Denn »therapeuein« meint zunächst den Dienst der Menschen vor Gott im Sinne der Anbetung; die Bedeutung von »heilen« kam demgegenüber erst in einer späteren Weiterung hinzu. Jesus ist deshalb nicht einfach ein Therapeut, sondern im eigentlichen Sinne ein »Gottestherapeut«; und seine Therapie ist im elementaren Sinne »Gottestherapie«[19]. Das Heilen Jesu zielt genauerhin auf die Wiederherstellung der urtümlichen Beziehung von Schöpfer und Geschöpf und von daher zwischen den Menschen, genauerhin auf die Wiederherstellung jener »communio«, die in der Sprache Jesu »Reich Gottes« heißt. Deshalb verdichtet sich die der Wiederherstellung der Communio zwischen Gott und den Menschen und zwischen den Menschen dienende Heiltätigkeit Jesu im befreienden Wort: »Ephata«. Dieses Wort ist die schönste Konkretion des adventlichen Handelns Jesu.

Einsames Gefängnis der Angst

Das Heilungswort »Ephata« hat dem Taubstummen im Evangelium die Ohren geöffnet, seine Zunge von ihrer Fessel befreit und ihm die Sprache zurückgeschenkt. Er konnte sich öffnen. »Ephata«: dieses Losungswort gilt aber auch uns Menschen heute. Es vermag freilich nur zu greifen, wenn wir uns Rechenschaft darüber geben, wo wir verschlossen sind. Gewiss sind wir nicht taubstumm im wörtlichen Sinn. Aber sind wir nicht so oft taubstumm in einem übertragenen Sinn? Denn die Vereinzelung, die der eigentliche Krankheitsinfekt des Taubstummen war, ist zum großen Schicksal auch des heutigen Menschen geworden.

Der Mensch ist heute weithin auf sich selbst zurückgeworfen. Dies zeigt sich vor allem in der Vervielfältigung von zwischenmenschlichen Kontakten bei gleichzeitiger Abnahme ihrer Intensität. Immer mehr scheinen die Menschen heute ihr Leben nach jener Maxime zu gestalten, die *Fritz Perls*, dem Begründer der Gestalttherapie, zugeschrieben wird: »Ich tue, was ich tue, und du tust, was du tust. Ich bin nicht auf dieser Welt, um nach deinen Erwartungen zu leben. Und du bist nicht auf dieser Welt, um nach meinen zu leben. Und wenn wir uns zufällig finden – wunderbar. Wenn nicht, kann man auch nichts machen.« In dieser Lebensmaxime definiert jeder selbst Nähe und Distanz in den zwischenmenschlichen Beziehungen. Sie führt aber in die Verschlossenheit der Einsamkeit, genauerhin zu jener »unbezogenen Selbstverwirklichung«, die *Jürg Willi* als Charakteristikum der Lebensart des modernen Menschen bezeichnet hat.[20]

Es ist genau diese Lebenssituation des modernen Menschen, die ihn in einen Strudel von Ängsten hineintreibt. Wie schon sprachlich Angst und Enge zusammenhängen, so vereinzelt die Angst den Menschen noch mehr und macht ihn verschlossen. Der harte Kern dieser Erfahrung besteht darin, dass, wer von seiner Angst nicht mehr loskommt, letztlich sich selbst nicht mehr loswird, sondern sein eigener Gefangener ist. In dieser Situation bleibt der Mensch mit seiner Angst allein. Dann dreht sich alles im Kreis, und zwar in einem furchtbar teuflischen Kreis. Und dieser Kreis, in dem der Mensch bei allem, was er tut und erlebt, nur sich selbst und seiner Angst begegnet, stellt sich als der schrecklichste aller Teufelskreise heraus. Denn in diesem Teufelskreis des mit der eigenen Angst Alleingelassenseins wird das Leben gespenstisch einsam.

Lebensöffnung durch die rettende Nähe in der Angst

In dieser bedrängenden Lebenssituation erweist es sich als heilsam und rettend, wenn Christus in das Gefängnis der Angst, das der Mensch sich selbst geworden ist, einbrechen und diese gespenstische Einsamkeit aufbrechen wird. Es kommt einer grandiosen Rettung aus dem grausamen Teufelskreis, mit der eigenen Angst allein sein zu müssen, gleich, wenn Christus ihn mit dem fröhlichen Engelskreis seines befreienden Zurufs »Ephata« überwinden wird. Es ist ein herrliches Geschenk des Himmels, wenn Christus uns aus unserer angstvollen Verschlossenheit befreit und alles daran setzt, dass wir von unserer Angst befreit und damit von uns selbst loskommen können und nicht mehr unsere eigenen Gefangenen im erbarmungslosen Angstgefängnis bleiben müssen.

»Ephata« – »Öffne Dich!« Dieser heilsame Zuspruch Jesu an den Taubstummen gilt auch uns heute. Jesus will auch heute in unser angstvolles Lebenszimmer kommen und uns aus unserer Angst befreien und zu neuem Vertrauen einladen. Dies ist die tröstliche Verheißung, die der Advent in sich enthält und die wir uns auch anlässlich des Pfarreijubiläums gefallen lassen dürfen. Selbstverständlich ist damit nicht gemeint, dass Jesus uns die Angst verbieten würde. Denn Jesus gebietet uns nicht, unsere Ängste zu *unterdrücken*; er mutet uns vielmehr zu, unsere Ängste *auszudrücken*, und zwar vor Gott selbst. Er macht Mut dazu, sich und anderen Menschen und erst recht Gott unsere Ängste einzugestehen. Damit mutet er uns zu, keine Angst gerade vor unseren Ängsten zu haben und angstfrei mit ihnen umzugehen.

Je mehr wir uns diesen durch und durch adventlichen Zuspruch »Ephata« gefallen lassen, aus dieser heilsamen Erfahrung leben und das entängstigende Evangelium Jesu Christi verkünden, umso mehr können wir als Kirche in der heutigen Welt zum Segen werden. Denn wir Christen sind auch heute berufen, im Auftrag und in der Vollmacht Jesu Christi selbst das »Ephata« unseren Mitmenschen zuzusprechen. Dies heißt konkret, dass wir Menschen aus ihrer angstvollen Vereinzelung herausholen und in die Communio mit Gott und den Menschen zurückholen.

Entängstigendes Vertrauen als Wurzel von Solidarität

Auch wir sind gesandt, so communial zu leben und zu handeln wie Jesus. Wenn nämlich Angst in die Vereinzelung treibt, dann ist es das Vertrauen, das Solidarität unter den Menschen zu stiften und zu fördern vermag. Die heute so lebensnotwendig gewordene Solidarität stellt sich eben nicht als Ergebnis von moralischen Appellen und sozialethischen Direktiven von selbst ein; sie ist viel grundlegender die Frucht jener den Menschen entängstigenden und ihm neues Vertrauen schenkenden Botschaft Jesu Christi, die im befreienden »Ephata« uns anvertraut ist.

Von daher erschließt sich die grundlegende Sendung der christlichen Kirche in der heutigen Welt. Denn eine Kirche, die sich selbst in der Liebe Gottes geborgen weiß und die in dieser Gottvertrautheit lebt, ist berufen und verpflichtet, die in der heutigen Gesellschaft weithin entleerten kulturellen Vorratskammern mit tragfähiger Solidaritätskraft neu zu füllen. In dieser gläubigen Ermöglichung von belastbarer Solidarität wird man ohne jeden Zweifel die wichtigste Kulturleistung des christlichen Glaubens in der heutigen Zivilisation erblicken müssen.

Könnte und müsste nicht ein Pfarreijubiläum ein willkommener Anlass sein, sich in neuer Weise auf diese schöne und segensreiche Sendung der Kirche zu besinnen und einen neuen Aufbruch zu wagen im Zeichen jenes »Ephata«, das uns zwar viel zumutet, aber noch mehr schenkt? Denn Gott gibt immer zuerst und er gibt mehr, als er von uns erwartet. Dann wird es Advent werden mit uns und in unserer Kirche. Und dann kommen wir auf den tiefsten Grund unserer adventlichen Freude zurück, der doch auch der eigentliche Grund der Freude bei einem Pfarreijubiläum ist. Dies gilt zumal, da der Abschluss dieses Jubiläums mit dem »Gaudete«-Sonntag in so sinnvoller Weise zusammenfällt. Lassen wir uns deshalb den Zuruf des Apostels Paulus wirklich gefallen und zu Herzen gehen. Denn er ist der Mutterboden des »Ephata«, das uns Jesus auch heute zumutet und zuruft: »Freut euch im Herrn zu jeder Zeit! Noch einmal sage ich: Freut euch! Eure Güte werde allen Menschen bekannt. Der Herr ist nahe.«

Adventliche Stimme
für das Wort Gottes[21]

Dienst am Wort des Lebens

»Bist du bereit, in der Verkündigung des Evangeliums und in der Darlegung des katholischen Glaubens den Dienst am Wort Gottes treu und gewissenhaft zu erfüllen?« Dies, lieber Frater Niklas, wird eine der ersten Fragen sein, die ich vor Ihrer Priesterweihe an Sie richten werde. In dieser Frage kommt die entscheidende Sendung zum Ausdruck, mit der ein Priester mit seiner Weihe beauftragt wird. Diese besteht im Dienst der Verkündigung des Wortes Gottes. Dies gilt zumal, wenn wir auf das Zweite Vatikanische Konzil hören. Dieses erblickt die grundlegende Sendung des Priesters und damit geradezu den Inbegriff des priesterlichen Auftrags in der Verkündigung des Evangeliums. Deshalb betont es in seinem »Dekret über Dienst und Leben der Priester« nachdrücklich: »Das Volk Gottes wird an erster Stelle geeint durch das Wort des lebendigen Gottes, das man mit Recht vom Priester abverlangt. Da niemand ohne Glaube gerettet werden kann, ist die erste Aufgabe der Priester als Mitarbeiter der Bischöfe, allen die frohe Botschaft Gottes zu verkünden.«[22]

Dieser Dienst am Wort Gottes ist schön. Denn im Wort Gottes liegt der Grund jener Freude, von der der Prophet Nehemia sagt, dass sie unsere »Schutzwehr« ist (8,10). Dieser Dienst am Wort Gottes ist aber auch notwendig. Denn die Menschen sind auf das Wort Gottes angewiesen, zumal in der heutigen Zeit, in der wir von Wörtern geradezu überschwemmt werden. In Anzeigen und auf Plakatwänden, in Faltblättern und Broschüren, auf dem Bildschirm und im Radio werden unendlich viele Wörter

angeboten. Wir leben heute in einer Welt, in der die Wörter der Inflation anheim gefallen sind. Kein Wunder, dass wir immer wieder zu sagen pflegen: »Dies sind nichts als Wörter.« Und diese Wörter kosten nichts mehr. Die Zahl der Wörter hat unermesslich zugenommen, aber ihr Wert ist ebenso unermesslich abgesunken. Bei dieser Wortinflation stehen natürlich auch wir Christen und Christinnen in der Gefahr, auch jene Wörter, die vom Priester in der Kirche verkündet werden, als bloße Wörter zu vernehmen, die nichts kosten. Und es will uns nur noch schwer gelingen, in den vielen Wörtern des alltäglichen Lebens das eine Wort herauszuhören, das das Wort Gottes ist. Gerade in der heutigen Zeit ist deshalb der Priester berufen, mit seinem ganzen Wirken und zuvor mit seiner eigenen Existenz zu dokumentieren, dass es im Leben der Menschen nicht um Wörter geht, sondern um *das* Wort, das ein »Wort des ewigen Lebens« (Joh 6,68) ist. Von diesem Wort Gottes sagt das heutige Evangelium, dass es nicht vergehen wird (Mt 24,35b).
Im Dienst an diesem Wort Gottes zu stehen, dies setzt voraus, dass man selbst hinter diesem Wort zurücksteht und mit seinem Leben und seinem Reden auf dieses Wort hinweist. Genau in diese Richtung weist uns jene Gestalt, die im Mittelpunkt des christlichen Advents steht, nämlich Johannes der Täufer, der von sich sagt: »Ich bin die Stimme, die in der Wüste ruft: Ebnet den Weg für den Herrn!« (Joh 1,23). Hinter diesem Aufruf, den Weg für den Herrn zu ebnen, steht die Überzeugung, dass Gott selbst kommen wird auf den Straßen unseres Lebens und dass unser Handeln allein darin bestehen kann, Wegbereitung für das Kommen Gottes zu sein. Es ist von daher ein sinnvolles und schönes Zusammentreffen, dass wir die heutige Priesterweihe mitten in der Adventszeit feiern dürfen. Denn im Licht des Advents wird auch die Sendung des Priesters in der Kirche deutlich.

Wort und Stimme

Den tieferen Sinn dieses schönen Zusammentreffens von Feier der Priesterweihe und Adventszeit zeigt uns wiederum Johannes der Täufer. So wie diese adventliche Figur für den Vorrang des Handelns Gottes an uns Menschen vor unserem eigenen Handeln steht und dafür einsteht, so macht es auch die besondere Sendung des Priesters aus, in der Nachfolge des Johannes des Täufers den erzadventlichen Primat des Wortes Gottes zu verkünden. Kein geringerer als der heilige Augustinus hat deshalb in der Gestalt des Johannes des Täufers das Amt des Priesters vorgebildet gesehen.[23]

Augustinus geht dabei von der sensiblen Beobachtung aus, dass Johannes der Täufer im Neuen Testament »*Stimme*« genannt, währenddem Christus als »*Wort*« bezeichnet wird. Mit diesem Verhältnis von Wort und Stimme verdeutlicht er sodann das Wesen des priesterlichen Dienstes: Wie nämlich das Wort, bevor es durch die Stimme sinnlich vernehmbar werden kann, bereits im Herzen des Menschen, der es spricht, lebt, so besteht die schöne Aufgabe des Priesters darin, sinnlich-lebendige Stimme für das vorgängige Wort Gottes zu sein. Dabei ist auch die Beobachtung von entscheidender Bedeutung, dass der sinnliche Klang, nämlich die Stimme, die das Wort von einem Menschen zu einem anderen trägt, vorübergeht, währenddem das Wort bleibt. Die menschliche Stimme hat deshalb keinen anderen Sinn als den, das Wort zu vermitteln; danach kann und muss sie wieder zurücktreten und verstummen, damit das Wort im Mittelpunkt bleibt. Aus diesen Beobachtungen schließt der heilige Augustinus, dass der Priester wie Johannes der Täufer ein reiner Vorläufer, ein im buchstäblichen Sinn vor-läufiger, genauerhin vorlaufender Mensch sein muss und nur so Diener am Wort Gottes sein kann. Wie Johannes der Täufer hat auch der Priester »seine Identität – paradoxerweise – in der Nichtidentität, im Verweis-Sein auf das hin, was er selbst nicht ist«[24].

Mit bestem Recht betont deshalb das Priesterdekret des Zweiten Vatikanischen Konzils: »Niemals sollen sie (sc. die Priester) ihre eigenen Gedanken vortragen, sondern immer Gottes Wort lehren und alle eindringlich zur Umkehr und zur Heiligung bewegen.«[25] Dies kann glaubwürdig nur gelingen, wenn der Priester in all seinem Reden zu erkennen gibt, dass er gerade nicht von sich selbst redet und dass er auch nicht einfach die Theorien und Hypothesen des zuletzt gelesenen Artikels den Menschen zumutet, ohne sie vorgängig selbst verdaut zu haben. Der Priester ist vielmehr verpflichtet, sich selbst als adventliche Stimme Christi zur Verfügung zu stellen, um so seinem Wort Raum zu geben und das Leben dafür zu investieren, dass »Christus in allem den Vorrang« hat. Denn letztlich geht es nicht um die Stimme, sondern um das Wort. Der Priester steht ganz und gar in seinem Auftrag, freilich nicht in der Gestalt eines Telegrammboten, der fremde Worte einfach getreulich weiterleitet, ohne dass sie ihn betreffen würden. Es zeichnet ja den getreuen Telegrammboten aus, dass er vom Inhalt des Textes nicht neugierig Kenntnis nimmt. Um eine ganze Welt verschieden aber ist der Priester, der das Wort Gottes persönlich weitergeben und sich selbst so aneignen muss, dass es sein eigenes Wort wird. Die Botschaft des Evangeliums »verlangt nicht einen Fernschreiber, sondern einen Zeugen«[26]. Der priesterliche Dienst am Wort erfordert deshalb jene tiefgreifende Selbstenteignung des Priesters, die Paulus so ausgedrückt hat: »Nicht mehr ich lebe, sondern Christus lebt in mir« (Gal 2,20).

Von dieser tiefen Glaubenseinsicht her kann man auch verstehen, warum die Kirche im Laufe der Tradition von einem »unaustilgbaren Charakter« gesprochen hat, der einem Christen mit der Priesterweihe eingeprägt wird. Diese traditionelle Aussage stößt heute freilich selbst bei Katholiken und Katholikinnen auf großes Unverständnis und löst bei vielen Kopfschütteln aus. Verstehen kann man sie letztlich nur, wenn man sie in der spätantiken Sprache liest. Dort bedeutete »character« den Eigentumsstempel, der einem Ding, einem Tier oder einem Menschen eingeprägt wird und der nicht mehr ausgetilgt werden kann, weil damit das Eigentum unwiderruflich gekennzeichnet ist. Auf den Priester übertragen bedeutet dies die unaustilgbare Zugehörigkeit zu Christus, die mit der Weihe dem Leben des Priesters eingeprägt wird. Und diese bedeutet ihrerseits, dass der Priester in den heiligen Zeichen nur geben kann, was er aus seinem Eigenen überhaupt nicht zu geben imstande ist. Es ist vielmehr immer Christus selbst, der in den Sakramenten handelt, der aber in der sichtbaren Kirche durch irdische und endliche Menschen handeln will. Eben dies kommt zum Ausdruck im sakramentalen Zeichen der Ordination. Sie will verdeutlichen, dass Christus selbst die Mitte der Kirche ist, ihr Fundament und ihr Zentrum, und zwar in der Kraft und Gestalt des Heiligen Geistes. Die Ordination ist deshalb das unerlässliche Zeichen einer wahrhaft adventlichen Kirche in der Nachfolge des Johannes des Täufers.

»Unter der Führung des Heiligen Geistes«

Hier liegt der Grund, dass die erste und grundlegende Frage, die an einen Christen gestellt werden muss, der seine Bereitschaft erklärt, Priester zu werden, nur heißen kann: »Bist du bereit, das Priesteramt als zuverlässiger Mitarbeiter des Bischofs auszuüben und so unter der Führung des Heiligen Geistes die Gemeinde des Herrn umsichtig zu leiten?« Denn der kirchliche Dienst des Priesters ist nur möglich »unter der Führung des Heiligen Geistes«. Der Priester ist deshalb berufen, als Werkzeug des Heiligen Geistes zu Diensten zu sein. Und es ist die Priesterweihe, die sichtbar macht, dass auch das ganze Leben und Wirken eines Priesters unter dem verheißungsvollen Vorzeichen des Heiligen Geistes steht. Auch und gerade vom Priester gilt die frohe Botschaft des Gesalbten Jahwes: »Der Geist Gottes, des Herrn, ruht auf mir; denn der Herr hat mich gesalbt« (Jes 61,1a). Im Mittelpunkt des Weihegebetes findet sich deshalb die inständige Bitte um das Kommen des Heiligen Geistes in das Leben des Weihekandidaten, damit er ganz im Auftrag des Heiligen Geistes handeln kann.

Im Weihegebet kommt die schöne Verheißung zum Ausdruck, dass der Heilige Geist selbst gegenwärtig ist in dem, was der Priester tut: in der Verkündigung des Evangeliums, in der Feier der Sakramente und in der umsichtigen Leitung der ihm anvertrauten Gemeinde. Wie wir in der Priesterweihe um das Kommen des Heiligen Geistes in das Leben des Priesters beten, so wird der Priester selbst in seinem Wirken immer wieder um das Kommen des Heiligen Geistes bitten und damit der ganzen Kirche vor Augen halten, dass sie nur in dieser adventlichen Grundhaltung der Bitte um das Kommen des Heiligen Geistes leben kann. Hier liegt der Grund, dass im Mittelpunkt aller kirchlichen Liturgie und vor allem der Eucharistie die Epiklese steht, die Herabrufung des Heiligen Geistes. Ebenso liegt es hier begründet, dass das Wort Gottes, das der Priester zu verkünden hat, ein sakramentales Wort ist. Wir Christen und Christinnen glauben ja an das Wort, das Fleisch geworden ist und das in den Sakramenten sinnlich erfahren und genossen werden will.

Damit erschließt sich von selbst auch der unlösbare Zusammenhang zwischen der Verkündigung des Wortes Gottes und der Feier der Sakramente, vor allem der Eucharistie, im Leben des Priesters. Von daher versteht es sich schließlich von selbst, dass die Eucharistie im Wirken eines Priesters ihren zentralen Platz einnehmen muss, ja dass sie seine eigentliche Lebensmitte ausmacht, weil gerade in dieser sakramentalen Feier der Priester als adventliche Stimme für das Wort des Lebens gefordert ist. Das priesterliche Leben entartet jedenfalls nur dann nicht zu einem Leerlauf, wenn es in Gebet und Eucharistie seine bergende Mitte findet. Ohne diese bergende Mitte kann priesterliches Leben nicht gelingen. In der Eucharistie dürfen Sie, lieber Frater Niklas, vielmehr immer wieder die Erfahrung machen, dass sich der von Ihnen gewählte Leitspruch ihres priesterlichen Seins bewahrheitet: »Seid nicht bekümmert, denn die Freude an IHM ist eure Schutzwehr.« Da Sie dies aus eigener Lebenserfahrung wissen, bin ich zuversichtlich, dass sie Ihr priesterliches Wirken aus dieser bergenden Mitte heraus gestalten werden. Wir wollen Sie dabei mittragen mit unserem Gebet und in der Glaubensüberzeugung, dass auch die Heilige Handlung Ihrer Priesterweihe »unter der Führung des Heiligen Geistes« geschieht.

Dimensionen
der Weihnacht

Weih-Nacht Gottes in der
Welt-Nacht der Menschen[27]

Nacht der Menschen und Licht Gottes

Ein alter und schöner Brauch will es, dass wir uns zum Weihnachtsgottesdienst mitten in der Nacht treffen. An diesem Brauch lässt sich ablesen, dass wir Christen und Christinnen offensichtlich die Nacht gern haben. Die Nacht ist uns sogar heilig und geweiht. Sie ist Weih-Nacht. Mit diesem Ehrentitel bezeichnen wir jene Nacht, in der Jesus Christus, der Sohn des lebendigen Gottes, auf unserer Erde erschienen, geboren und Mensch geworden ist. In dieser Nacht feiern wir den Eingang Gottes in die Weltnacht der Menschen.

Heilige Nacht – Weihnacht! Die Feier der Weih-*Nacht* mutet uns deshalb nichts weniger zu als dies, uns der Nacht zu stellen: der Nacht im eigenen Leben, der Nacht in der gegenwärtigen Welt und der Nacht auch in der heutigen Kirche. Christen und Christinnen sind zwar – und hoffentlich – nicht Menschen, die die Nacht herbeireden. Aber wir sind auch nicht – und hoffentlich – Menschen, die der Nacht ausweichen und sie verdrängen. Wir stellen uns vielmehr der Nacht und setzen uns ihr aus. Denn wir wissen sehr genau, dass, wenn wir die Nacht aus unserem Leben verdrängen, die Weih-Nacht bloß noch eine Worthülse wäre. Als Zeichen für diese Nacht im Leben der Menschen und in der Geschichte der Welt treffen wir uns zur Feier der Heiligen Weihnacht in der Nacht.

Weihnachten feiern braucht in der Tat den Mut, sich der Nacht zu stellen. Dies wäre auf der anderen Seite aber ein furchtbar trostloses und letztlich tristes Unterfangen, wenn damit nicht eine frohe Verheißung verbunden wäre. Die weihnachtliche Verheißung besagt, dass in den Nächten unseres Lebens ein Licht aufgegangen ist, das die Finsternis erhellt. Dieses Licht ist aufgeleuchtet in der Krippe in Betlehem in jenem Kind, in dem Gott selbst Mensch geworden ist. Mit diesem Kind ist uns sogar *das* Licht schlechthin aufgestrahlt. Seither dürfen wir als wahrhaft erleuchtete und – im besten Sinne des Wortes – aufgeklärte Menschen leben. Erst diese Verheißung macht Weihnachten wirklich zur *Weih*-Nacht. Denn wir dürfen glauben, dass der Gottessohn in der Lebensnacht der Menschen zur Welt gekommen ist und uns aufgesucht und heimgesucht hat, um die Nacht mit uns zu teilen und um in unsere Nacht hinein sein Licht zu bringen. Das ist das schöne Geheimnis der Heiligen Weih-Nacht.

Licht, das den menschlichen Lebensraum erfüllt

Um in die Tiefe dieses Geheimnisses der Heiligen Weih-Nacht einzuführen und in diesem Geheimnis heimisch zu werden, eignet sich eine Geschichte, die die Menschen auf den Philippinen zu erzählen pflegen:[28] Ein König, der zwei Söhne hatte, beschloss im Laufe der Zeit, einen der beiden Söhne zu seinem Nachfolger zu bestellen. Um besser entscheiden zu können, welchen von beiden er mit der Nachfolge betrauen kann, gab er jedem fünf Silberstücke in die Hand, verbunden mit dem Auftrag, sie sollten mit diesem Geld bis zum Abend die leere Schlosshalle füllen. Eigens vermerkte er, dass es in ihrer Entscheidung liege, wie sie diesen Auftrag erfüllen wollen.

Der ältere Sohn machte sich sofort auf den Weg. Dabei kam er an einem Feld vorbei, auf dem gerade Zuckerrohr geerntet und ausgepresst wurde. Als er das leere Zuckerrohr zuhauf am Feldrand liegen sah, dachte er sich, damit könne er die Schlosshalle gut auffüllen. Schnell wurde er mit den Arbeitern handelseinig; und diese schafften für die fünf Silberstücke das ausgepresste Zuckerrohr in die Schlosshalle. Als sie voll war, ging der ältere Sohn in großer Freude zu seinem Vater und berichtete, er habe die ihm gestellte Aufgabe erfüllt: »Mach mich nun zu deinem Nachfolger!« Doch der Vater antwortete: »Noch ist nicht Abend. Ich werde warten.«

Als die Dämmerung über das Land hereingebrochen war, kam auch der jüngere Sohn zurück. Er sah, dass die Schlosshalle mit Zuckerrohr aufgefüllt war, und sagte: »Schafft das leere Stroh weg!« Nachdem dies geschehen war, stellte er mitten in die Schlosshalle eine Kerze und zündete sie an. Das Licht der Kerze erfüllte den ganzen Raum und drang bis in den letzten Winkel. Als der Vater sah, dass das Licht der Kerze die ganze Schlosshalle erfüllt hatte, sagte er zu seinem jüngeren Sohn: »Du sollst mein Nachfolger sein. Dein Bruder hat alle fünf Silberstücke ausgegeben, um die Halle mit nutzlosem Zeug zu füllen. Du aber hast nicht einmal ein Silberstück gebraucht und dabei die Halle mit Licht gefüllt. Du hast sie mit dem erfüllt, was die Menschen wirklich brauchen.«

Der Unterschied zwischen den beiden Söhnen könnte gar nicht größer sein. Er ist sogar so groß, dass er uns an den radikalen Unterschied zwischen Gott und uns Menschen erinnert: Handeln wir Menschen nicht oft genau so wie der ältere Sohn und geben uns alle erdenkliche Mühe, die Schlosshalle unseres Lebens mit allem Möglichen auszufüllen? Ist unsere eigene Schlosshalle oft nicht voll von Problemen und Nöten, von Terminen und Agenden, von Plänen und Programmen? Ist unser Herz nicht mit allen möglichen Dingen besetzt, und haben wir nicht oft genug auch unseren Kopf voll? Kommen wir uns selbst nicht manchmal gleichsam wie »besetztes Gebiet« vor? Und wenn wir die besetzte Dunkelkammer unseres Herzens ans Tageslicht bringen, müssen wir dann nicht entdecken,

dass darin auch viel Stroh ist, das uns zwar ausfüllt, aber gerade deshalb noch lange nicht erfüllt?
Gleichen wir Menschen nicht so oft dem älteren Sohn, der die Schlosshalle mit ausgepresstem Zuckerrohr auffüllt? Auch wir sind dann zwar aufgefüllt, aber nicht erfüllt. Die Heilige Weihnacht lädt uns aber ein, auf Christus zu schauen. In ihm dürfen wir den jüngeren Sohn in der philippinischen Geschichte wiederentdecken. Denn er füllt unser Herz mit nichts anderem als mit seinem Licht, das die Schlosshalle unseres Lebens bis in den letzten Winkel zu erfüllen vermag. Er erfüllt es mit dem, was wir Menschen wirklich brauchen. Denn er ist gekommen, uns zu besuchen als das »aufstrahlende Licht aus der Höhe, um allen zu leuchten, die in Finsternis sitzen und im Schatten des Todes« (Lk 1,78–79).

Jesus Christus als Gnaden-Licht in Person

In der Tat gleicht unser Leben so oft einer leeren und dunklen Schlosshalle, die darauf wartet, gefüllt zu werden. Die Heilige Weihnacht will sie erfüllen mit jenem Licht, das im Kind in der Krippe von Gott her in unsere Welt gekommen ist. Von diesem Licht gilt erst recht, was der Vater in der Geschichte zum jüngeren Sohn sagt: »Du hast nicht einmal ein Silberstück gebraucht und sie dabei mit Licht erfüllt. Du hast sie mit dem erfüllt, was die Menschen brauchen.« In der Tat kostet das Licht, das Christus selbst ist und das wir dringend brauchen, nichts: Es ist gratis, es ist reine Gnade.
Jesus Christus ist in Person die gnädige Zuwendung Gottes zu uns Menschen. Die Heilige Weihnacht verkündet, dass in ihm die Gnade Gottes erschienen ist, »um alle Menschen zu retten« (Titus 2,11). Ja, Jesus Christus ist selbst die Gnade Gottes. Wer es an Weihnachten mit dem

Kind in der Krippe zu tun hat, hat es mit Gott selbst zu tun. Denn in ihm ist Gott gegenwärtig, und in ihm ist erfahrbar, dass letztlich alles Gnade ist.

Die Gegenwart Gottes wird uns an Weihnachten als sein Licht geschenkt. Die Feier der Weihnacht setzt deshalb unsere Bereitschaft voraus, dass wir Menschen, die wir wie der ältere Sohn in der philippinischen Geschichte die Schlosshalle unseres Lebens immer wieder mit allem Möglichen aufzufüllen versuchen, es dem jüngeren Sohn erlauben, dieses alles Mögliche auch als »leeres Stroh« zu befinden und stattdessen seine Kerze in die Schlosshalle zu stellen. Denn Christus will in dieser Heiligen Weihnacht auch unseren Lebensraum mit seinem Licht der Gnade erfüllen. Er ist selbst das Licht der Welt und kommt vom Licht der Gnade Gottes her. Er ist »Licht vom Licht« und deshalb »wahrer Gott vom wahren Gott«, wie wir es im Großen Glaubensbekenntnis ausdrücken. Dieses Licht dürfen wir auch empfangen vom Glanz des Herrn, der den Engel in der Weihnachtsgeschichte umstrahlt (Lk 2,9).

Öffnen wir Christus in dieser Nacht die dunkle Schlosshalle unseres Lebens, damit er sie mit seinem Licht bis in die letzten Winkel erfüllen kann. Dann geht uns vollends auf, dass wir Christen und Christinnen mit bestem Recht die Nacht gern haben dürfen. Sie ist uns Heilige Nacht, geweihte Nacht, Weih-Nacht. Denn sie ist jene Nacht, in die hinein uns Jesus Christus geboren worden ist als das Licht, das in der Finsternis der Nacht leuchtet. Mitten in der Nacht der Menschen – das ewige Licht Gottes: Dies ist die wahrhaft frohe Botschaft von Weihnachten, deren Freude und Trost ich Ihnen von Herzen wünsche: Gesegnete und vor allem lichtvolle Weih-Nacht!

Weihnachtliches Aug-in-Aug
Gottes mit uns Menschen[29]

Kleine Kinder spielen gerne, zumal nach Erhalt der erwarteten Weihnachtsgeschenke, und zwar am allerliebsten auf allen Vieren am Boden. Eltern und überhaupt Menschen, die sich gerne mit kleinen Kindern abgeben, wissen dies aus eigener Erfahrung. Wenn sie den Kindern eine Freude machen wollen, spielen sie mit ihnen. Dazu müssen sie freilich eine Bewegung vollziehen, die für erwachsene Menschen eher ungewohnt ist: Sie müssen sich auf den Boden niederknien, um dem kleinen Kind auf der gleichen Augenhöhe begegnen zu können. Nur so können sie mit dem Kind spielen.

Diese Körperbewegung ist bei erwachsenen Menschen ansonsten nicht sonderlich beliebt. Im Alltag und im Konkurrenzverhalten in der heutigen Leistungsgesellschaft pflegen erwachsene Menschen anderen Menschen nicht gerne auf der gleichen Augenhöhe zu begegnen. Die Blickrichtung von oben nach unten und von unten nach oben scheint vielmehr vorzuherrschen. So jedenfalls nimmt sich der Blickkontakt zwischen Vor-Gesetzten und Unter-Gebenen aus. Doch wenn dieselben erwachsenen Menschen mit Kindern spielen wollen, bleibt nur das Niederknien und das Aug-in-Aug mit den Kindern auf derselben Blickhöhe.

Gott und Mensch auf derselben Augenhöhe

In dieser auf den ersten Blick unscheinbaren, tiefer gesehen aber bedeutungsvollen Körperbewegung erwachsener Menschen drückt sich das Geheimnis von Weihnachten aus. Wenn Eltern sich auf den Boden niederknien, um mit dem Kind Aug in Aug zu spielen, dann vollziehen sie nämlich genau jene Bewegung nach, die Gott selbst an Weihnachten zuerst inszeniert hat. Um uns Menschen so nahe wie möglich sein zu können, hat der unendliche und ewige Gott den Himmel verlassen; er hat sich auf den sehr irdischen Boden der Menschen niedergekniet, um seinen Menschenkindern auf derselben Augenhöhe begegnen zu können.

Dieses Aug-in-Aug Gottes mit uns Menschen ist das Weihnachtswunder schlechthin, wie es der Nürnberger Kantor *Nikolaus Hermann* im 16. Jahrhundert mit seinem bekannten Lied »Lobt Gott, ihr Christen alle gleich« sehr schön zum Ausdruck gebracht hat: Gott »entäußert sich all seiner Gwalt, wird niedrig und gering und nimmt an eines Knechts Gestalt, der Schöpfer aller Ding, der Schöpfer aller Ding«[30]. In diesem grandios-demütigen Hinabstieg Gottes zu uns Menschen liegt der Kern des Weihnachtsgeheimnisses: Gott selbst kniet sich auf den Boden von uns Menschen nieder, um uns auf der gleichen Augenhöhe begegnen zu können. Gott kommt uns so nahe und wird so einfach, dass wir mit ihm auf Du sein können. Indem Gott selbst uns Aug-in-Aug begegnet, bietet er uns sein menschenfreundliches Du an.

Gott vollzieht damit eine Bewegung, die zu derjenigen von uns Menschen im alltäglichen Verhalten quer steht. Denn wir Menschen halten es so oft mit unserem Menschsein nicht aus und wollen werden wie Gott. Wir stehen immer wieder in der Versuchung, unser Menschsein zu verlassen und uns in die Welt Gottes zu erheben, um auf seiner Augenhöhe zu sein und um ihm das Du anbieten zu können. Dies zeigt sich vornehmlich darin, dass wir uns selbst zum Maßstab aller Dinge erheben und uns als Herren und Herrinnen über Leben und Tod inthronisieren. Mit diesem Unterfangen streben wir an, die verführerische Verheißung der Schlange im Paradiesesgarten endlich und endgültig einlösen zu können: »Eritis sicut Deus« – »Ihr werdet wie Gott« (Gen 3,5).

In diesem halsbrecherischen Versuch des Menschen diagnostiziert die biblische Botschaft aber die Ursünde des Menschen. Diese besteht genau in der von ihm vorgenommenen Verwischung des grundlegenden Unterschiedes zwischen Gott und Mensch, zwischen dem Schöpfer und der Schöpfung. Wird dieser Unterschied von uns Menschen geleugnet und mit unserem Verhalten weggestrichen, dann muss sich der Mensch selbst zum Herrn des Lebens aufschwingen, das Geschöpf selbst anbeten und damit Götzendienst betreiben. Genau darin liegt der moderne »Glaube« des Menschen an seine eigene Allmacht, den man als »Gotteskomplex« bezeichnen muss: »Gott geht verloren, der Mensch will selbst Gott sein.«[31]

Auf dieses halsbrecherische Unternehmen des Menschen antwortet aber Gott selbst an Weihnachten mit seiner befreienden Gegenbewegung. Darin liegt die revolutionäre Kehrtwendung an Weihnachten, wie sie der Reformator *Martin Luther* treffend ausgesprochen hat: »Weil wir in Adam unsere Menschlichkeit verließen, um zur Gottähnlichkeit aufzusteigen, verließ Gott seine Göttlichkeit und stieg in Christus in unser Fleisch hinab und brachte uns unsere verlassene Menschlichkeit zurück.« Während der Mensch den Aufstand gegen Gott probt, macht Gott seinen Einstand im Niederstieg auf den Boden der menschlichen Realität. Und während der Mensch es mit seiner Geschöpflichkeit nicht aushält und deshalb werden will wie Gott, steigt Gott umgekehrt in unser Fleisch hinab und bringt uns unsere verlassene Menschlichkeit zurück. Gott selbst geht in seine Schöpfung ein und wird gleichsam selbst Geschöpf. Damit heiligt er die Schöpfung und verleiht unserer Geschöpflichkeit eine Würde, die in uns nicht mehr den wahnwitzigen Trieb aufkommen lässt, werden zu wollen wie Gott. Diese Würde beflügelt uns vielmehr dazu, endlich Menschen zu werden und uns dankbar zu der elementarsten Tatsache unseres Lebens zu bekennen, dass wir Geschöpfe Gottes sind – und dass dies vollauf genügt.

Auf der Augenhöhe von Hirtenmenschen

Darin besteht die Weihnachtsrevolution Gottes, der zu uns Menschen hinabsteigt, um uns auf der gleichen Augenhöhe zu begegnen. Gott vollzieht diese Hingabebewegung freilich nicht einfach, um mit uns Menschen zu spielen, so wie Eltern sich auf den Boden niederknien, um mit ihren Kindern zu spielen. Gott geht sehr viel weiter: Er wird in seinem Sohn selbst Kind. Genau darin erschließt sich die Mitte des Evangeliums in der Heiligen Nacht: »Das soll euch als Zeichen dienen: Ihr werdet ein Kind finden, das, in Windeln gewickelt, in einer Krippe liegt« (Lk 2,12).

Um uns Menschen wirklich in die Augen sehen zu können, will Gott ganz und gar und nicht nur ein bisschen Mensch werden. Deshalb wird er Kind und damit ein Lebewesen, dessen erster Ton das Schreien ist; ein Lebewesen, das mit Tränen in die Welt eintritt; und ein Lebewesen, dessen erste Gebärden die ausgestreckten Hände sind, die nach Schutz und Geborgenheit rufen. Gott will auf unserer Erde ein Lebewesen werden, das angewiesen ist auf die bergende Liebe von Menschen. Gott will ein Angewiesener werden, um in dieser elementaren Bedürftigkeit Liebe und Zuneigung in uns zu erwecken.

Wenn Gott Mensch wird, dann will er es offensichtlich nicht besser haben als das schwächste Glied unserer Gesellschaft, nämlich als das Kind. Darin offenbart sich die Schutz- und Wehrlosigkeit des Mensch werdenden Gottes. In diesem schutz- und wehrlosen Kind will Gott sich uns Menschen zu erkennen geben, und zwar so wie er ist: Nirgendwo ist Gott herrlicher als im demütigen Ausgeliefertsein eines neugeborenen Kindes. Nirgendwo ist Gott stärker als in seiner in einem angewiesenen Kind ausgehaltenen Schwäche. Nirgendwo ist Gott hilfsbereiter als in der Hilflosigkeit eines nach Geborgenheit suchenden Säuglings. Nirgendwo ist Gott allmächtiger als in der freiwillig gewählten Ohnmacht eines weinenden Neugeborenen. Und nirgendwo ist Gott göttlicher als in seiner schlichten Menschlichkeit und in seiner zärtlichen Kindlichkeit.

Wenn wir diese weihnachtliche Offenbarung Gottes bedenken, dann wird auch der von Gott ausgewählte Kontext deutlich, in dem der Weihnachtstext kundwerden soll. Dieser Kontext wird markiert durch Hirten, die auf dem freien Feld lagern und wach sind: »In jener Gegend lagerten Hirten auf freiem Feld und hielten Nachtwache bei ihrer Herde« (Lk 2,8). Gott gibt sich zuerst ganz bestimmten Menschen zu erkennen, nämlich den Hirten. Gott kniet sich dort auf den Boden, wo die Hirten leben, um ihnen auf ihrer Augenhöhe zu begegnen. Diese vorrangige Option Gottes für Hirtenmenschen hat Elementares zu bedeuten, auch für unsere heutige Lebenssituation:

An erster Stelle gilt es zu bedenken, dass die Hirten nicht nur unbehaust sind wie Maria und Josef, sondern auch wach: »Die Menschen in den Palästen, in den Häusern, die hörten den Engel nicht, die schliefen. Die Hirten waren wachende Menschen.«[32] Damit ist auch uns ins Stammbuch geschrieben, dass wir nur in der Lebenshaltung einer sensiblen Wachsamkeit des Herzens die frohe Botschaft der Engel in der Weihnachtsnacht vernehmen können. Es braucht nicht nur hellwache Augen, es braucht vor allem ein sehnsüchtiges Herz, um Gott wahrzu-nehmen, der sich vor uns auf den Boden kniet und uns Aug-in-Aug begegnet.

Dass Gott zunächst die Augenhöhe von Hirten aufsucht, hat auch darin seinen Grund, dass Hirten Menschen sind, die sich auf unsere Welt verstehen. Ihre Aufgabe besteht darin, ihre Herde vor den beißenden und reißenden Wölfen in Schutz zu nehmen. Hirten können deshalb ein Lied davon singen, wie es um unsere Welt steht. Doch gerade Hirtenmenschen begegnet Gott zunächst Aug-in-Aug. Denn wer anders als sie könnte besser ermessen, welche Wohltat die Kniebeuge Gottes auf das Niveau menschlicher Augen bedeutet: Gott will den Menschen dort abholen und ihm dort begegnen, wo er sich aufhält.

Weihnachtliche Kniebeuge der Demut

In den Hirten dürfen wir Menschen auch uns heute wiederfinden. Es ist ohnehin gut, wenn wir entdecken, dass unsere Krippen nicht einfach idyllisch-romantische Weihnachtsdarstellungen sind, sondern dass in den Krippenfiguren wir selbst dargestellt sind als Menschen, die sich um das göttliche Kind in der Krippe versammeln, um es wie Maria und Josef anzubeten, und die wie die Hirten herbeilaufen, um das Kind zu sehen. Damit ist freilich nun uns jene Bewegungsrichtung zugemutet, die Eltern vollziehen, wenn sie mit ihrem Kind spielen und sich dazu auf den Boden niederknien, um ihm in Augenhöhe zu begegnen. Nun sind wir am Zug mit dem Niederknien.

Wenn sich Gott nämlich auf den Boden niederlässt, und zwar auf den Boden von Hirtenmenschen, um ihnen Aug-in-Aug nahe zu sein, dann werden wir diesen Gott verfehlen, wenn wir aufrecht stehen bleiben und uns für zu gut halten, uns zu bücken und Gott dort zu finden, wo er sich uns zeigt. Wenn Gott tief hinabgeht, werden wir kein Rendezvous mit ihm haben können, wenn wir hoch hinauswollen. Wenn uns Gott auf Augenhöhe begegnen will, dann ist es nun an uns, uns zu ihm hin zu bücken, vor ihm niederzuknien und ihn in Bodennähe anzubeten. Denn ohne Kniebeuge zu Gottes Gegenwart am Boden gibt es kein Aug-in-Aug mit Gott, der sich zuvor zu uns hin niedergekniet hat. Mit dem weihnachtlich offenbaren Gott auf der gleichen Augenhöhe zu sein ist nur möglich aufgrund unseres eigenen Niederkniens. Im Niederknien vor dem Kind in der Krippe, um auch unsererseits mit ihm Aug-in-Aug sein zu können, besteht die adäquate Antwort von uns Menschen auf die weihnachtliche Bewegungsrichtung Gottes. Weihnachten enthält für uns deshalb auch die tröstliche und zugleich herausfordernde Botschaft, dass wir Menschen vor niemandem in die Knie gehen dürfen als vor Gott, und zwar vor jenem Gott, der sich selbst zu uns herniederbückt, um uns in die Augen zu sehen.

Die Heilige Nacht offenbart uns die großartige Demut Gottes und lädt auch uns ein, die Demut Gott gegenüber von Grund auf neu zu erlernen. Dabei könnten wir durchaus Nachhilfeunterricht bei einem großen Glaubenszeugen der christlichen Tradition nehmen, der selbst nur mühsam von dem hohen Sockel seines Lebens heruntergestiegen ist und nur auf verschlungenen Umwegen den Weg zur Krippe gefunden hat, nämlich beim heiligen *Augustinus*. Immer tiefer hat er erkannt, dass die Demut der Kern des Christusgeheimnisses ist und dass umgekehrt der tiefste Grund unserer Glaubensunfähigkeit im Tod der Demut besteht. Weihnachten aber erfassen wir nur im Glauben; und dazu braucht es eine gehörige Portion Demut. Denn es ist der Inbegriff der Demut, wenn Menschen sich auf der gleichen Augenhöhe begegnen. Und es ist erst recht schöne Demut, wenn Gott unsere

Augenhöhe aufsucht und sich dazu zu uns niederbeugt und wenn wir es ihm gleichtun.
Nehmen wir in der Heiligen Nacht die Demut Gottes dankbar an und entsprechen wir ihr mit unserer Demut. Dann kann es Weihnachten werden in uns und um uns. Denn wenn wir Gott in der Krippe Aug-in-Aug begegnen, dann sind wir auch in die Pflicht genommen, die gleiche Augenhöhe mit unseren Mitmenschen zu suchen und ihnen die Weihnachtsbotschaft der Engel auszurichten: »Verherrlicht ist Gott in der Höhe, und auf Erden ist Friede bei den Menschen seiner Gnade.«

Weihnachtlicher Einstand für das Leben[33]

Weihnachten auch in der heutigen Welt feiern

An Weihnachten leuchtet ein besonderes Licht. Es ist das Licht Gottes, das in der Krippe des Gottessohnes zu Betlehem aufgeleuchtet ist. In ihm ist die »Güte und Menschenliebe Gottes, unseres Retters«, erschienen (Tit 3,4). Wie aber soll diese Botschaft vernehmbar werden in der heutigen Welt, die von schrecklichen Ereignissen überschattet ist? Der zur Perfektion verkommene Terrorismus, die Eskalationen von Hass und Gewalt und die stets größer werdende Schere zwischen Arm und Reich: alle diese tragischen Entwicklungen könnten die Frage provozieren, wie man in einer solchen Welt noch Weihnachten feiern kann. Diese Frage sollten wir keinesfalls verdrängen, sondern zulassen, auch wenn sie uns in der Feststimmung an Weihnachten etwas stören könnte.

Wie kann man in der Welt von heute noch Weihnachten feiern? Diese Frage hätte man sich freilich bereits bei der ersten Weihnacht angesichts der damaligen Weltsituation stellen können. Denn die Welt war auch damals keineswegs im Lot. Der Geburt des Gottessohnes in der Krippe zu Betlehem folgte die Flucht nach Ägypten auf der Spur, weil Herodes dem Neugeborenen nach dem Leben trachtete. Auch im Johannesevangelium spürt man die beinahe tragische Weigerung der Menschen gegenüber der Zuwendung Gottes zu den Menschen: »Das Licht leuchtet in der Finsternis, aber die Finsternis hat es nicht erfasst.« »Er kam in sein Eigentum, aber die Seinen nahmen ihn nicht auf« (Joh 1,5 und 11).

Gott aber hat sich diese Frage, ob man noch Weihnachten feiern könne, nicht gestellt, und er hat sich schon gar nicht von ihr abhalten lassen, Weihnachten zu ermöglichen. Er hat vielmehr an seinem unbeirrbaren Willen festgehalten, seine Menschenfreundlichkeit auf Erden zu offenbaren. Denn Gott konnte und wollte mit Weihnachten nicht warten, bis die Welt sich verändert hat und wieder im Lot ist. Aller Erfahrung nach hätte Gott da lange warten können – bis auf den heutigen Tag. Gott wollte sein Licht aber gerade in die Dunkelheit der Welt bringen. Die Finsternis der Welt kann Weihnachten nicht verunmöglichen. Sie zeigt vielmehr, wie dringend notwendig wir Menschen Weihnachten haben – auch und gerade heute!

Die Dunkelheit der heutigen Welt hilft uns erst recht, auf den eigentlichen Kern von Weihnachten und damit des christlichen Glaubens überhaupt zurückzukommen. Dieser Kern besteht darin, dass Gott in seinem eigenen Sohn selbst Mensch geworden ist, wie dies der große Kardinal *John H. Newman* einmal kurz so ausgesprochen hat: »Ich würde die Menschwerdung Gottes als den Zentralaspekt des katholischen Christentums benennen.« In diesem Glaubensgeheimnis ist zweifellos das größte Paradox ausgesprochen, das sich überhaupt ausdenken lässt. Aber in diesem Paradox ist zugleich die schöne und tröstliche Botschaft verborgen, dass Gott uns Menschen so nahe kommen wollte, wie es näher gar nicht mehr möglich ist. Dies ist eben dadurch geschehen, dass Gott in seinem eigenen Sohn Mensch geworden ist.

Dieses Geschehen kommt uns Menschen sehr zugute. Denn wo das Göttliche sich mit dem Menschlichen endgültig verbunden hat, da ragen in die Monotonie des alltäglichen Lebens das Göttliche und damit das Unendliche und Heilige schlechthin herein. Da wird die oft genug eintönige Lebenswelt von uns Menschen aufgesprengt und mit der frischen und neuen Welt Gottes unlösbar verbunden. Da ragt die Welt des unendlichen Gottes in die sehr irdische, endliche und verletzliche Welt der Menschen herein. Da leuchtet das Licht Gottes mitten in der Dunkelheit der Menschen; und diese wird in die göttliche Welt der Heiligkeit und Gerechtigkeit hineingehoben. Dies ist das Geheimnis von Weihnachten: »In Christus erfolgt der Einbruch des göttlichen Lebens in die sonst eindimensionale, platte und trotz allen Geschreies eintönige irdische Welt. Hier wird dem Menschen ein neues Leben eröffnet und geschenkt, neben dem das bloß irdische Leben wie ein Schatten oder wie eine graue, farblose Dürre dasteht.«[34]

Annäherungen an das Weihnachtsgeheimnis

Dieses Geheimnis der Weihnacht ist für uns Menschen eine befreiende Wohltat. Es ist freilich so groß, dass es uns auch überfordern kann. Es ist deshalb notwendig, sich diesem Geheimnis behutsam anzunähern. Der *erste* Schritt auf diesem Weg ist die Grundhaltung der Toleranz auch und gerade Gott gegenüber. Wie wir Menschen uns angewöhnt haben, uns gegenüber anderen Menschen und ihren Überzeugungen und Lebensweisen tolerant zu verhalten und ihre Eigenarten zu respektieren, so sollten wir auch gegenüber Gott tolerant sein. Solche Toleranz Gott gegenüber besteht im Kern darin, dass wir ihm gleichsam »erlauben«, sich uns so zu zeigen und zu schenken, wie er ist und wie er es für uns Menschen für gut befunden hat. Wenn Gott sich entschieden hat, uns dadurch nahe zu kommen, dass er in seinem Sohn selbst Mensch wird, wie können wir da Gott vorhalten, er hätte uns seine Liebe und seine Nähe nicht so hautnah und konkret zeigen sollen? Eine solche Einrede wäre nicht nur undankbar, sondern auch intolerant Gott gegenüber. Steht hinter einer solchen Einstellung letztlich nicht der Zweifel, ob Gott uns überhaupt so nahe sein könne und ob er sich so weit zu uns herunterbeugen dürfe, wie er es in seiner endgültigen Selbstoffenbarung in seinem Sohn getan hat? Und sprechen wir damit nicht Gott überhaupt die Freiheit und die Möglichkeit ab, in einen konkreten Menschen eingehen und sich uns Menschen so zeigen zu wollen, wie er ist?

Weihnachten aber appelliert an unsere Toleranz auch gegenüber Gott. Solche Toleranz kann anerkennen, dass die unerwartete und wahre Größe Gottes gerade darin besteht, dass er sich zu uns Menschen so herunterbeugen und sich so klein machen kann, wie er es in Jesus von Nazaret getan hat. Mit diesem Geheimnis, dass Gott seine unermessliche Größe gerade in der Kleinheit eines Kindes endgültig offenbart hat, steht die Identität des Christentums und der christlichen Kirche auf dem Spiel. Dieses Geheimnis ist der Mittelpunkt des Glaubens, den wir an Weihnachten feiern dürfen.

Toleranz ist freilich nur der erste Schritt auf dem Weg zum Weihnachtsgeheimnis. Hinzu kommt *zweitens* die dankbare Annahme dieses großartigen Geschenkes Gottes. Wenn wir uns an diesem Geschenk freuen, dann fangen wir an, Gott zu loben und zu besingen. Weihnachten ist erst in seinem Element, wenn es zum frohen Gesang des Gotteslobes kommt, wie es das Evangelium in der Heiligen Nacht zeigt: »Plötzlich war bei dem Engel ein großes himmlisches Heer, das Gott lobte« (Lk 2,13). Denn es gibt Wahrheiten, die erst dann wirklich zum Tragen kommen, wenn sie gesungen und besungen werden. Dies gilt erst recht von den Wahrheiten unseres Glaubens: »Singend potenziert der Glaube seine eigene Wahrheit«[35], auch und gerade die weihnachtliche Wahrheit der Menschwerdung Gottes.

Nehmen wir deshalb Weihnachten wieder neu zum Anlass, uns zum Singen bewegen zu lassen. Solches Singen lenkt uns freilich nicht von unserer Welt und ihren großen Problemen ab, sondern macht uns erst recht empfänglich für die Gegenwart des Lichtes Gottes in der Dunkelheit unserer Welt. Solche Offenheit ist der *dritte* Schritt auf dem Weg zum Geheimnis von Weihnachten: Da Gott in seinem Sohn selbst Mensch geworden ist, will er uns auch heute in Menschen begegnen, vor allem in den armen und leidenden Mitmenschen. Und da Gott ganz konkret Mensch geworden ist, nämlich als Kind, will er uns auch heute vor allem aus und mit den Augen von Kindern anschauen.

Konsequenzen der Weihnacht

Weihnachten lädt uns ein, neue Ehrfurcht vor und neue Liebe zum Leben zurückzugewinnen, zumal in der heutigen Welt, in der das menschliche Leben vor allem an seinem Beginn in vielfältiger Weise bedroht ist, und zwar nicht nur beim Problem des Schwangerschaftsabbruchs, sondern auch aufgrund der rasanten Entwicklungen in der Gentechnik und der Biomedizin. Besonders die in verschiedenen Ländern diskutierte Präimplantationsdiagnostik dient gerade nicht, wie der Name vorgibt, der Diagnose, sondern ist von vornehrein auf Selektion von menschlichem Leben ausgerichtet. Denn bei der Präimplantationsdiagnostik wird ein im Reagenzglas erzeugter Embryo auf seine erbliche Belastung hin überprüft, um ihn nur dann in die Gebärmutter der Frau zu implantieren, wenn er als erblich unbelastet getestet worden ist. Wenn er hingegen als erblich belastet beurteilt wird, wird er vernichtet. Dieses Verfahren zielt deshalb von vornherein auf die Vernichtung von Embryonen und auf den prinzipiellen Ausschluss von behindertem Leben.

Daraus ergeben sich gefährliche Konsequenzen für unseren gesellschaftlichen Umgang mit behindertem Leben. Würde die Präimplantationsdiagnostik staatlich legalisiert, würde die Frage immer entschiedener gestellt werden, warum ein behindertes Kind überhaupt zur Welt gebracht worden ist. In letzter Konsequenz würde menschliche Behinderung vorwerf- und anklagbar werden. Ist es nicht als alarmierend zu beurteilen, dass unlängst das oberste französische Berufungsgericht angesichts eines behindert geborenen Kindes von einem »Recht, nicht geboren zu werden« gesprochen und den Eltern dieses Kindes einen hohen Schadenersatz attestiert hat? Von daher dürfte es nur noch ein kleiner Schritt zur Tötung selbst von Kindern in den ersten Tagen nach der Geburt sein, wenn sie behindert sind. Dass dies bereits geschehen soll, müssen wir sehr betroffen zur Kenntnis nehmen. Die gesellschaftlichen Folgelasten solcher Entwicklungen können nur als fatal eingestuft werden.

Als ebenso gefährlich ist das therapeutische Klonen zu beurteilen, nämlich die künstliche Herstellung von menschlichen Embryonen, die als Rohstoff zur Entnahme von embryonalen Stammzellen dienen. Solche Anwendungsforschung am menschlichen Leben will es zumindest in Kauf nehmen, Embryonen zu Forschungszwecken zu verbrauchen und damit menschliches Leben zum technischen »Ersatzteillager« zu degradieren, wie die deutschen Bischöfe mit Recht geurteilt haben[36]. Noch weitergehend ist schließlich das reproduktive Klonen, bei dem es darum geht, den Menschen selbst zu verändern und ihn genetisch neu zu entwerfen. Da es sich bei diesem Verfahren um die komplette Herstellung der genetischen Kopie eines bereits lebenden Menschen geht, liegt der Tatbestand von Menschenzüchtung vor, die ethisch verwerflich ist.

Vor diesen gefährlichen Herausforderungen dürfen wir auch und gerade an Weihnachten nicht die Augen verschließen. Angesichts dieser Entwicklungen hin zum Selektieren, Züchten oder Vernichten von menschlichem Leben kann die Kirche nicht anders, als das ihr anvertraute »Evangelium des Lebens« gelegen oder ungelegen und keineswegs nur gelegentlich zu verkünden, das in Weihnachten seinen Ursprung und seinen Grund hat. Dazu ist die Kirche von ihrer weihnachtlichen Option für die Armen und für die Schwachen verpflichtet, zumal in einer Gesellschaft wie der heutigen, in der starke Tendenzen bestehen, gerade den schwächsten Menschen das Menschsein abzusprechen. In dieser Situation muss sich die weihnachtliche Option für die Armen auf die Schwächsten, nämlich auf die Ungeborenen, Kranken, Alten, Behinderten und Sterbenden, beziehen. Und da die Achtung der Menschenwürde gerade an den Grenzen des menschlichen Lebens, an seinem Beginn bei der Zeugung und deshalb auch an seinem Ende im Sterben, in der heutigen Gesellschaft auf dem Prüfstand steht, ist die Kirche verpflichtet, sich für das Recht jedes Menschen auf Leben, von der Empfängnis bis zum Tode, stark zu machen.

Weihnachtliche Zivilisation des Lebens

Nur so kann die Kirche jener Zivilisation des Lebens dienen, die an Weihnachten ihren Anfang genommen hat. Mit diesem Anfang auch heute etwas Gutes anzufangen: dies ist der Anruf und der Anspruch von Weihnachten für uns Christen und Christinnen heute. Denn Weihnachten will auch in der heutigen Welt konkret werden durch unseren Einsatz für das Leben: im Einsatz für den Frieden gegen den Krieg, im Einsatz für mehr Gerechtigkeit gegen Unterdrückung und Ausbeutung, im Einsatz für die Bewahrung der Schöpfung gegen ihre Zerstörung, im Einsatz für Versöhnung gegen den Hass und seine terroristischen Eskalationen und im Einsatz für eine »Zivilisation des Lebens«, die die Würde des Menschen respektiert, gegen die heutige »Kultur des Todes«, die das Recht jedes Menschen auf Leben von der Empfängnis bis zum Tod nicht mehr gelten lässt.

Wenn wir diese großen Herausforderungen wahrnehmen, dann stellt sich uns die Frage wohl kaum mehr, ob man in der heutigen Welt überhaupt noch Weihnachten feiern kann. Ein Blick auf unsere Zeit mit ihren großen Fragen und Problemen, mit ihren Versuchungen und Gefahren zeigt vielmehr, dass es gerade in der heutigen Welt Notwendend ist, Weihnachten zu feiern, um neues Vertrauen auf Gott und neue Ehrfurcht vor dem Leben zu gewinnen. Danken wir Gott, dass er in seinem Sohn Mensch geworden ist, besingen wir dieses großartige Wunder Gottes und sprechen wir es einander gegenseitig zu: »Frohe und gesegnete Weihnachten!«

Gottes Offenbarung in seinem weihnachtlichen Versteck[37]

Ausbleibende Neugierde beim Versteckspiel

Ins Zimmer des berühmten Rabbi Baruch kommt Jeschiel, eines seiner Großkinder, gestürzt. Dem kleinen Jungen rollen die Tränen über die Wangen, und er klagt mit lauten Worten: »Mein Freund hat mich ganz und gar verlassen. Er ist sehr ungerecht und sehr unschön zu mir.« »Warum denn, kannst Du mir dies näher erklären?«, fragt ihn der Meister Baruch zurück. »Ja«, antwortet der Kleine: »Wir haben Verstecken gespielt, und ich habe mich so gut versteckt, dass der andere mich nicht finden konnte. Und da hat der andere einfach aufgehört, mich zu suchen, und er ist weggegangen. Ist das nicht unschön und ungerecht?«

Wer selber kleine Kinder hat oder sich gerne mit Kindern abgibt, der kann den kleinen Jungen verstehen und seine Enttäuschung nachempfinden. Denn das Versteck-Spielen ist ein bei Kindern besonders beliebtes Spiel. Sein Reiz besteht darin, dass man sich möglichst gut und phantasievoll versteckt, freilich nicht mit dem Zweck, damit der andere einen nicht findet, sondern damit der andere sich alle erdenkliche Mühe geben muss, in lebendiger Neugierde einen zu suchen. Wenn der andere aber aufgrund eines guten Verstecks die Suche aufgibt und das Spiel abbricht, dann hat selbst das schönste Versteck allen Reiz und seine Schönheit verloren.

Dies gilt auch in einem übertragenen Sinn im zwischenmenschlichen Leben. Menschen pflegen sich manchmal auch hier zu verstecken, damit andere, die ihnen nahe stehen, sie intensiv zu suchen beginnen. Hinter diesem zwischenmenschlichen Versteckspiel steht die Sehnsucht, dass Menschen einander suchen, auf-suchen und wenn immer möglich heim-suchen. Die Heim-Suchung anderer Menschen in der Gestalt eines Be-Suches ist die Intensivform des Suchens. Deshalb wird auch und gerade hier die Enttäuschung groß sein, wenn der andere das menschliche Versteck nicht aufsucht, sondern das Spiel abbricht. Wenn die Neugierde ausbleibt, dann rollen auch hier Tränen über die Wangen.

Wahrscheinlich werden Sie mit Recht fragen, was denn diese traurige Geschichte vom Versteckspiel mitten in unserem feierlichen Gottesdienst am Weihnachtsfest soll. Damit Sie nicht den Eindruck gewinnen, dass auch ich jetzt mit Ihnen ein Versteckspiel treibe, will ich ihnen die Pointe der rabbinischen Legende nicht weiter vorenthalten, die ich zu Beginn erzählt habe und die uns *Elie Wiesel* überliefert hat. Auf die Klage des kleinen Jungen, dass der andere einfach aufgehört hat, ihn in seinem Versteck zu suchen, antwortet Rabbi Baruch: »Das ist in der Tat sehr unschön. Aber schau mal: mit Gott ist es genauso. Gott hat sich versteckt, und wir schauen nicht nach ihm. Denk Dir nur: Gott verbirgt sich, und wir Menschen suchen ihn nicht einmal.«

Gott in seinem Versteck suchen

In dieser rabbinischen Legende können wir Christen das Geheimnis von Weihnachten ausgedrückt finden. Denn dieses Geheimnis besagt an erster Stelle: Gott zeigt sich uns an Weihnachten zwar als Immanuel, als Gott-mituns; aber er erweist sich so sehr als Immanuel, dass er sich zugleich auch verbirgt. Gott versteckt sich genauerhin in einem Kind, das zudem in einer Krippe liegt. Gleichsam im Futtertrog und damit unter animalischen Bedingungen kommt Gott zur Welt. Genauerhin kommt Gott unterwegs zur Welt, weil in der Herberge kein Platz für ihn war. Gleichsam am Straßenrand kommt Gott zur Welt. Ja, er kommt so zur Welt, wie die Welt eben ist.

Weil das Kind in der Krippe den äußersten überhaupt denkbaren Gegensatz zu Gottes Allmacht und seinem Himmel darstellt, ist die Krippe das sicherste Versteck Gottes. Dieses birgt freilich die Gefahr in sich, dass wir Menschen aufhören oder gar nicht anfangen, Gott zu suchen, sondern Gottes Versteckspiel abbrechen und Gott warten lassen. Auch Gott kann dann im Blick auf uns Menschen in das Klagelied des Jungen einstimmen: »Ich habe mich so gut versteckt, dass der andere mich nicht finden konnte. Und da hat der andere einfach aufgehört, mich zu suchen, und er ist weggegangen. Ist das nicht unschön und ungerecht?«

Von diesem Spiel-Abbruch vonseiten der Menschen ist selbst in den uns vertrauten Weihnachtsgeschichten die Rede. Im Festevangelium wird davon gesprochen, dass das Wort Gottes in die Welt und damit in sein Eigentum gekommen ist, dass aber die Seinen es nicht aufgenommen haben (Joh 1,11). Dies gilt in erster Linie von den gelehrten Exegeten und Theologen von damals. Sie wussten zwar sehr wohl und präzis, dass der Messias in Betlehem, also in der Stadt Davids, geboren werden würde. Diese Verheißung hatten sie sogar schwarz auf weiß, und sie wussten, dass sie bei den Propheten geschrieben steht. Doch die Theologen blieben beim Buchstaben stehen und fanden den Weg nicht aus dem Buchstaben heraus in die konkrete Realität der Krippe. Vollends ein Herodes konnte schon gar nicht auf die Idee kommen, dass sich im Kind in der Krippe Gott selbst verstecken könnte. Denn er konnte sich Gott gar nicht anders vorstellen denn als einen noch mächtigeren und noch grausameren Herrscher, als er es selbst gewesen ist. Deshalb konnte er im Kind in

der Krippe höchstens einen künftigen Nebenbuhler befürchten, den man aus Sicherheitsgründen am besten gleich von allem Anfang an aus dem Weg räumt.
Weihnachten besagt folglich auch dies: Die gelehrten Bibelausleger von damals und vollends Herodes fanden Gott nicht in seinem Versteck, ja, sie versuchten ihn nicht einmal zu suchen. Diese Menschen stellen deshalb an uns die Frage, wie es sich diesbezüglich mit uns verhält. Finden wir Christen heute Gott in seinem weihnächtlichen Versteck, in dem sich Gott schon zweitausend Jahre lang verbirgt? Suchen wir Gott hier überhaupt noch? Oder benehmen wir uns manchmal nicht wie der ungeduldige Spielkamerad in der rabbinischen Legende, der das Spiel abgebrochen hat, ohne zu merken, dass in diesem Spiel die Wahrheit auch unseres Lebens verborgen ist? Stellt uns da nicht manchmal unser stolzer Anspruch, aufgeklärt zu sein, gehörig das Bein? Denn welcher aufgeklärte Mensch mutet sich das Wagnis zu, im Kind in der Krippe Gottes Versteck aufzusuchen, sich vor dem Kind zu beugen, es anzubeten und demütig anzuerkennen, dass sich in diesem kleinen Kind der allmächtige und ewige Gott verbirgt?

Gottes Offenbarung in seinem Versteck

Um Gott selbst in seinem weihnachtlichen Versteck finden zu können, muss man aufbrechen, sich auf den Weg machen und nach Betlehem gehen. Das große Vorbild dafür sind uns freilich nicht die Theologen, sondern die Hirten, die in der Heiligen Nacht zu sich sagen: »Transeamus usque Betlehem« – »Kommt, wir gehen nach Betlehem, um das Ereignis zu sehen, das uns der Herr verkünden ließ« (Lk 2,15b). Dieselbe Aufforderung will unsere Liturgie in die Heilige Weih-Nacht hineinsingen und damit auch in die Nacht unserer Herzen hineinsagen. Auch wir sind eingeladen, uns aufzumachen und nach Betlehem hinüberzugehen, um Gott in seinem weihnachtlichen Versteck aufzusuchen. Denn nur wer Gott in seinem Versteck aufsucht, wird darin auch seine Offenbarung finden. Dies ist die andere Seite von Weihnachten: Weihnachten ist Gottes Versteck, »aber es ist doch zugleich mit Ostern zusammen die größte Offenbarung Gottes«[38].

An Weihnachten offenbart sich uns Gott, wie er ist und wie er sich uns Menschen gegenüber verhält: Indem sich Gott in einem Kind verbirgt und zugleich offenbart, zeigt er nicht nur, dass er es in unserer Welt nicht besser haben will als das schwächste Glied unserer Gesellschaft, nämlich als ein Kind. Er bringt es damit vielmehr auch an den Tag, wie er seine eigene Allmacht verstanden haben und praktizieren will: Seine Allmacht besteht darin, dass er ganz klein sein kann und dass er sich zu uns Menschen auf der Erde herniederbeugt bis auf die Ebene unseres Menschseins, ja unseres Kindseins. Gottes Allmacht besteht darin, dass er uns nachgeht, damit wir Menschen nicht aufhören, ihn zu suchen, damit wir vielmehr fähig werden, ihn zu finden. Oder mit einem Wort: Gottes Allmacht ist nichts anderes als seine grenzenlose Liebe, die so ungeheuerlich weit geht, dass er für uns selbst Mensch wird.

Gottes Allmacht ist die konkrete Weise seiner Liebe, die unüberbietbar sichtbar und spürbar wird im Kind in der Krippe. Hier leuchtet denn auch der tiefste Grund dafür auf, dass sich Gott verbirgt, wenn er sich uns offenbaren will. Dieser Grund liegt darin, dass Gott uns Menschen nicht drängen und sich uns nicht aufdrängen will. Gott wirbt vielmehr um uns und um unsere Zustimmung. Er will uns weder mit seiner Macht in die Knie zwingen, noch will er uns mit dem Glanz seiner Herrlichkeit blenden. Gott nimmt vielmehr seine Allmacht gleichsam zurück, und er wartet darauf, dass wir aufbrechen und ihn in Freiheit suchen. Gott wartet auf uns Menschen, dass wir ihn suchen mit jener geduldigen Leidenschaft oder leidenschaftlichen Geduld, die das Versteckspiel überhaupt erst spannend macht. Weil Gott uns seine Liebe schenkt, wünscht er, dass auch zwischen ihm und uns das Geheimnis der Liebe entsteht und lebt, das nur in Freiheit gedeihen kann.

Gottes diskreter Respekt vor der Freiheit

Weihnachten erschließt uns so das Grundgeheimnis unseres Glaubens überhaupt, nämlich den äußerst behutsamen und diskreten Umgang Gottes mit uns Menschen, der auf uns wartet, damit wir uns ihm in Freiheit zuwenden. Gott verbirgt sich in einem Kind, damit uns seine Offenbarung nicht zwingt, sondern damit wir sie in Freiheit suchen und finden. Eben deshalb vollzieht sich seine Offenbarung so leise, dass sie von den lautstarken Geräuschen der heutigen Welt leicht übertönt werden kann. Um sie wahrnehmen zu können, braucht es hellwache Ohren. Wer Gottes leise Offenbarung aber wahrnehmen kann, der fängt an zu verstehen, dass das weihnachtliche Versteck Gottes seine schönste Offenbarung ist, und der sinkt in die Knie vor dem Kind in der Krippe und wird mit jener Freude erfüllt, von der die Engel in der Heiligen Nacht singen.

Gott kommt uns Menschen an Weihnachten so nahe entgegen, dass wir uns in Freiheit aufmachen können, ihn zu suchen und zu finden. Denn Gott lässt sich so sehr und so weit auf uns Menschen ein, dass er selbst unsere Antwort des Glaubens in uns hervorruft. Halten wir es deshalb mit den Hirten und gehen wir nach Betlehem hinüber: »Transeamus usque Betlehem!« Dort werden wir im

Kind in der Krippe das weihnachtliche Versteck Gottes finden, das seine Offenbarung ist. Dieses offenbare Versteck Gottes erstrahlt aber nur dann in seiner herrlichen Schönheit, wenn wir das Versteckspiel Gottes nicht ungeduldig abbrechen, sondern in der Neugierde des Glaubens mitspielen.

Bitten wir Gott, dass Rabbi Baruch mit seiner Auskunft über Gottes Schicksal nicht auch uns meint: »Gott hat sich versteckt, und wir schauen nicht nach ihm. Denk dir nur: Gott verbirgt sich, und wir Menschen suchen ihn nicht einmal.« Gott gebe uns vielmehr die Einfachheit des Herzens, damit wir Ihn suchen, im gläubigen Wissen darum, dass Er uns schon gefunden hat und dass uns in seinem weihnachtlichen Versteck seine schönste Offenbarung geschenkt ist. Denn indem Gott selbst ein Kind wird, wird er für jeden von uns erreichbar und bietet er uns gleichsam sein Du an. Aber eben: er bietet es uns an, damit wir sein Angebot in Freiheit annehmen und seiner Liebe entsprechen mit unserem Herzen, das in den Weihnachtsgesang der Engel dankbar einstimmt.

Geschenkter Sinn von Weihnachten[39]

Weihnachten aus der Adler-Perspektive

Weihnachten wäre für viele Menschen auch heute nicht Weihnachten, wenn die liebgewordenen und bekannten Begebenheiten fehlen würden, die den unverkennbaren Rahmen dieses Festes ausmachen. Dazu gehören die Armut des Stalles mit Ochs und Esel, der Lobpreis der Engel, die den Menschen im Licht der Herrlichkeit Gottes den Frieden verkünden, die Anbetung des Kindes in der Krippe durch die ärmlichen Hirten und natürlich das Kind mit Maria und Josef. Von all diesem Liebenswerten und Vertrauten in der Heiligen Nacht ist im Evangelium des Weihnachtstages allerdings nicht die Rede. Es scheint vielmehr, als wolle uns das Johannesevangelium mit seinen hoheitlichen Aussagen über den Logos Gottes in eine andere, uns nicht mehr so vertraute Welt entführen.

Dennoch redet auch dieses Evangelium von nichts anderem als vom Weihnachtsgeschehen in der Heiligen Nacht. Denn alle Evangelien verfolgen dasselbe Ziel, nämlich die Verkündigung der *einen* Frohbotschaft. Sie tasten sich freilich von sehr verschiedenen Seiten an dieses eine Evangelium heran: »Lukas – und ähnlich Matthäus – erzählen die irdische Geschichte und öffnen von ihr her den Weg in Gottes verborgenes Handeln hinein; Johannes, der Adler, sieht vom Geheimnis Gottes her und zeigt, wie dieses Geheimnis hineinreicht bis in den Stall, bis ins Fleisch und Blut des Menschen.«[40]

Es ist gewiss kein Zufall, dass die große Tradition der Kirche den Evangelisten Johannes mit einem Adler dargestellt hat, der aus höchster Höhe das Geheimnis des menschlichen Heils umkreist. Doch gerade dadurch, dass

Johannes die vertrauten und liebenswerten Begebenheiten der Geburt Jesu Christi im Stall zu Betlehem in die fremde Größe des Geheimnisses entrückt, ist seine feierlich-strenge Perspektive geeignet, unsere Augen zu öffnen für die entscheidenden Dimensionen und auch Abgründe dessen, was in der Heiligen Nacht geschehen ist. Denn auch sein Evangelium redet von dem Licht, das in der Finsternis leuchtet; und auch es redet von dem Herrn, der in sein Eigentum gekommen, aber dort nicht aufgenommen worden ist. Wenn wir diesen geheimnisvoll-strengen Text auf uns wirken lassen, dann wird auf einmal wieder der Stall sichtbar, in dem der Sohn Davids geboren werden musste, weil in der Stadt für ihn kein Platz gefunden werden konnte.

Von daher beginnt man zu verstehen, warum das Johannesevangelium seit alter Zeit in den Zenit der Weihnachtsliturgie gehört. Denn es enthält den entscheidenden Satz, der nicht nur den eigentlichen Inhalt des heutigen Festes angibt, sondern auch den tiefsten Grund unserer Freude enthält: »Das Wort ist Fleisch geworden und hat unter uns gewohnt« (Joh 1,14). Damit kommen wir auf den eigentlichen Kern des Weihnachtsfestes. Denn an Weihnachten feiern wir nicht einfach den Geburtstag irgendeines großen Mannes in der Weltgeschichte, wie es deren viele gegeben hat. Dies wird bereits deutlich durch die Tatsache, dass die alte Kirche Weihnachten ausgerechnet auf den Geburtstag einer anderen großen Persönlichkeit gelegt hat:

Am 25. Dezember des Jahres 275 hatte der römische Kaiser Aurelian dem Sonnengott einen neu eingerichteten Tempel geweiht, deshalb den 25. Dezember zum Staatsfeiertag erklärt und ihm den Namen »Geburtstag des unbesiegten Sonnengottes« gegeben. Seit dieser Zeit wurde der 25. Dezember als heidnisches Staatsfest begangen – mit feierlichen Spielen und volkstümlichen Belustigungen zur Verehrung des römischen Sonnengottes. Diese Verordnung des römischen Kaisers aber haben die Christen zum Anlass genommen, dem heidnischen Feiertag ein eigenes Fest mit christlichem Inhalt entgegenzusetzen. Denn sie feierten nun Weihnachten als das Fest des neuen Lichtes und der neuen Sonne, nämlich des mächtigen Siegers über Sünde und Tod, des wahren Herrschers über die Welt: das Fest der Geburt Jesu Christi.

Der Sinn Gottes ist Fleisch geworden

Von diesem geschichtlichen Ursprung des Weihnachtsfestes her wird deutlich, dass es ursprünglich ein energischer Protest der Christen gegen die heidnische Verherrlichung des Sonnengottes und damit ein Protest gegen Götter und Götzen, gegen Mächte und Gewalten im lichtvollen Zeichen der davon endgültig befreienden Herrschaft Jesu Christi war. Damit brachten die Christen ihre Überzeugung zum Ausdruck, dass Jesus Christus wirklich Gott von Gott und Licht vom Licht ist und dass in ihm der wahre und ewige Sinn unseres menschlichen Lebens und der Welt in unsere Welt gekommen ist und Fleisch angenommen hat. Denn was Johannes als »Wort« bezeichnet, kann man auch mit »Sinn« übersetzen. Und da im griechischen Urtext dafür das Wort »Logos« steht, ist es auch im Deutschen gängig, dass wir beispielsweise von der »Logik« einer Sache reden, wenn wir sagen: »Das ist doch logisch«, oder wenn die Jugendlichen das typische Modewort »Logo« verwenden. Damit bringen wir zum Ausdruck, dass etwas doch klar, folgerichtig und selbstverständlich ist, dass es eben Sinn macht.

Der Sinn der Welt ist Fleisch geworden: Darin liegt die Kernaussage des Prologs des Johannesevangeliums, der bewusst dem Schöpfungsbericht im ersten Buch der Bibel

nachgebildet ist: »Im Anfang war der Sinn, und der Sinn war bei Gott, und der Sinn war Gott.« Damit ist uns bereits die entscheidende Antwort auf die die Menschen aller Zeiten bewegende Frage gegeben, worin denn der Sinn der Welt und des menschlichen Lebens besteht. Wenn der Sinn nämlich im Anfang nicht nur bei Gott ist, sondern Gott selbst ist, dann kann der Sinn uns nur gegeben sein: Der Sinn ist das schönste Geschenk von Weihnachten.
Diese Botschaft hat es freilich in der heutigen Welt nicht leicht. Denn in der heutigen Leistungsgesellschaft haben wir uns angewöhnt, den Sinn unseres Lebens selbst zu erleisten. Wir meinen, den Sinn selbst machen zu müssen und ihn von unserer Leistung her zu definieren. Demgemäß ist der Mensch in der heutigen Leistungsgesellschaft genauso viel wert, als er leisten kann und als er sich folglich in ökonomischer Hinsicht leisten kann. Wenn aber die Leistung der Maßstab für den Lebenssinn wird, kann es nicht erstaunen, dass in dieser Atmosphäre zwei Probleme miteinander virulent geworden sind, nämlich die Probleme der Abtreibung und der Euthanasie. Handelt es sich nämlich beim ungeborenen Leben um menschliches Leben, das *noch nichts* leisten kann, geht es beim kranken, leidenden und sterbenden Leben um menschliches Lebens, das *nichts mehr* leisten kann. Beide aber haben an der Börse unserer heutigen Leistungsgesellschaft einen sehr schlechten Kurswert.
Diese Leistungsorientierung des menschlichen Lebenssinnes ist aber auch der Grund für die heute weitverbreitete Unsicherheit des Selbstgefühls, die sich zumeist in einem Minderwertigkeitsgefühl äußert. Diese Unsicherheit über das eigene Ansehen kann zur Flucht in die Leistung führen, weil Menschen von ihr erhoffen, dass ihr Wert objektiv beurteilbar wird. Dieselbe Unsicherheit kann aber auch umgekehrt zur Flucht in die Leistungsangst führen, weil Menschen es niemals »darauf ankommen lassen« wollen.

Diese gefährlichen Entwicklungen in der heutigen Gesellschaft sind das Fieber einer tiefgreifenden Orientierungskrise. Wenn wir uns ihr ehrlich stellen – und Weihnachten lädt dazu ein –, dann spüren wir, dass wir neue Orientierung dringend nötig haben, genauerhin Orientierung im ursprünglichen und radikalen Sinn: Ausrichtung unseres Lebens auf jenen Orient hin, der im Zenit von Weihnachten steht und von dem her uns Licht und Erleuchtung zukommt: »Ex oriente lux!« Dieses Licht ist uns aufgegangen in Jesus Christus. Ja, Er selbst ist dieses Licht. Und dieses Licht ist uns geschenkt.

Weihnachten spricht uns die schöne Verheißung zu, dass der Sinn unseres Lebens nicht von uns Menschen gemacht werden kann und nicht gemacht werden muss. Wir können ihn uns vielmehr nur schenken lassen. Von Weihnachten her findet die menschliche Sinnerfahrung deshalb ihre erste und wichtigste Artikulation gerade nicht in der Leistung, sondern im Fest. Denn das Fest ist die »höchste Form der Bejahung«: »Ein Fest feiern heißt: die Bejahung des Sinngrundes der Welt und die Übereinstimmung mit ihm, ja die Einbeschlossenheit in ihm, auf unalltägliche Weise darzuleben und zu vollziehen.«[41] Indem der Mensch nämlich in der Freude des Festes sein Ja zum Ganzen feiert, wird er im Tiefsten des ihm geschenkten Sinnes seines Lebens wie der ganzen Schöpfung gewahr. Im Fest erweist sich der Mensch nicht als »homo faber«, als Macher, sondern als ein sich verdankendes und deshalb dankbares Lebewesen, als »homo festivus«.

Diese Sinnweisheit des Festes wird in besonderer Weise an Weihnachten deutlich. Wir bringen sie zum Ausdruck mit dem weihnachtlichen Brauch des Schenkens und Beschenktwerdens. Auch wenn dieser Brauch manchmal oberflächliche Gestalten annehmen mag, ist in ihm doch in der Tiefe unseres Herzens das Wissen darum aufbewahrt, dass letztlich alles Geschenk ist, sowohl unser Leben als auch der Sinn unseres Lebens. Wenn wir uns dies mit dem Weihnachtsbrauch des Schenkens und Beschenktwerdens in frischer Weise vergegenwärtigen, dann gehört er in der Tat zum tiefsten Gehalt des Weihnachtsfestes.

Weihnachtliche Logik der Gnade

Das Entscheidende in unserem Leben ist uns geschenkt. Deshalb ist es gratis, ja geradezu umsonst. Darin liegt der Sinnkern von Weihnachten; und darauf läuft die Weihnachtsbotschaft im Johannesevangelium hinaus: Wenn der Sinn Fleisch geworden ist und unter uns gewohnt hat, dann – so fährt Johannes bewusst weiter – haben wir »seine Herrlichkeit gesehen, die Herrlichkeit des einzigen Sohnes vom Vater, voll Gnade und Wahrheit« (Joh 1,14b). Damit ist das entscheidende Stichwort gefallen. Dass nämlich die Herrlichkeit des Sinns »voll Gnade« ist, darin besteht das zentrale Wort der Weihnachtsbotschaft. »Gnade« ist überhaupt das elementarste Stichwort des christlichen Glaubens, das im Wortschatz der Kirche am häufigsten vorkommt. »Gnade« ist heute freilich auch eines der am meisten zerschlissenen Worte der christlichen Tradition und ist für viele Menschen nichts weiter als eine Worthülse. Es ist selbst für Christen und Christinnen manchmal nicht viel mehr als ein verlegenes und unverbindliches Füllwort.

Sieht man freilich auch dem heutigen Menschen auf den Mund, so kann man entdecken, dass auch er nicht darum herumkommt, für bestimmte Erfahrungen das Wort »Gnade« zu verwenden. Dies gilt vor allem im Bereich der Kunst. Lässt sich beispielsweise ein gelungenes Kunstwerk nur unbeholfen mit dem Fleiß und dem Geschick eines

Künstlers erklären, spricht man auch heute gern von einem »begnadeten Künstler«. Künstler selbst pflegen auf dem Höhepunkt ihrer schöpferischen Aktivität nie zu sagen: »Toll, wie ich dies geschafft habe.« Nein, sie sagen vielmehr: »Ich bin dafür dankbar, dass es sich so ergeben hat.« Bei aller Blassheit und Gebrochenheit dieses Sprachgebrauchs kommt darin doch zum Vorschein, dass »Gnade« letztlich ein unverfügbares und unverdientes Geschenk ist, das aller menschlichen Leistung und Berechnung entzogen ist.

Solche Erfahrungen werden vom christlichen Glauben aufgenommen und auf jenes letzte und absolute Geheimnis unseres menschlichen Lebens hin aufgeschlossen, das wir »Gott« nennen. »Gnade« meint deshalb im christlichen Sprachgebrauch das gnädige Verhalten Gottes selbst zu uns Menschen, seine Selbstmitteilung und Selbsthingabe, die »gratis« geschieht und an Weihnachten offenbar ist. Dies ist die eine Kurzformel für den christlichen Glauben, dass letztlich alles Gnade ist. Denn von wem könnte man mehr aussagen denn von Gott, dass er ein »begnadeter Künstler« ist? Und was wäre mehr als begnadetes Kunstwerk zu prädizieren als das Leben, das menschliche Leben zumal?

Weihnachten spricht uns die schöne Verheißung zu, dass der Sinn des Lebens, der in Jesus Christus Fleisch geworden ist, Gnade ist und deshalb ein Geschenk, das uns umsonst – »gratis« – gegeben ist. Das ist die Logik der Gnade, wie sie an Weihnachten ans Tageslicht kommt. Dieser Logik können wir Christen und Christinnen aber nur entsprechen, wenn wir heute unser eigenes Leben als unverdientes Geschenk feiern, wenn wir dafür Gott unseren Dank darbringen und wenn wir uns neu verpflichten lassen, uns für die Würde des menschlichen Lebens, angefangen von seiner Empfängnis bis zum letzten Atemzug, einzusetzen und es gerade in unserer gnadenlosen Leistungsgesellschaft zu verteidigen, in der der Sinn des Lebens von der Leistung und nicht vom Geschenk her definiert wird. Wer Weihnachten feiert, ist zu einem solchen Zwischenruf der Gnade in die so oft gnadenlosen Verhältnisse des gesellschaftlichen Lebens heute hinein verpflichtet.

In der weihnachtlichen Logik der Gnade versteht sich diese Konsequenz so von selbst, dass wir in der Sprache der Jugendlichen auf die Einladung des heutigen Festes nur antworten können: »Logo«. Deshalb dürfen wir Johannes dankbar sein, dass er uns mit seinem Evangelium ermöglicht, in der Perspektive und aus dem Höhenflug des Adlers unser Leben anzuschauen und den schönen Sinn wahrzunehmen, der in Jesus Christus Mensch geworden ist und als Mensch unter uns gewohnt hat. Ja, wir dürfen die Herrlichkeit des einzigen Sohnes vom Vater sehen, »voll Gnade und Wahrheit«.

Auch und gerade dieser letzte Satz des Johannesevangeliums führt uns nochmals in die Heilige Nacht zurück. Denn dieser Satz könnte auch das Wort der Hirten sein, die vom Stall in Betlehem heimkehren und erzählen, was sie gesehen haben. Die uns zunächst so fremd anmutende Botschaft des Johannes hat also mit der uns so vertrauten Weihnachtsgeschichte des Lukas das Entscheidende gemeinsam: Auch Johannes redet von dem Licht, das in der Finsternis aufgeleuchtet ist. Und auch er preist die Herrlichkeit Gottes, die wir im Fleisch gewordenen Sinn des Lebens anschauen dürfen, und zwar als Gnade. In diesem gehaltvollen Sinn wünsche ich Ihnen allen ein frohes, gesegnetes und vor allem Gnaden-reiches Weihnachtsfest.

Weihnachtsgnade Gottes, die retten und erziehen will[42]

[handschriftliche Notiz: Die „Ware" Weihnacht auf den Märkten]

»Die Gnade Gottes ist erschienen, um alle Menschen zu retten. Sie erzieht uns dazu, uns von der Gottlosigkeit und den irdischen Begierden loszusagen, und besonnen, gerecht, und fromm in dieser Welt zu leben« (Tit 2,11–12). Es ist, als wären diese biblischen Worte präzis in unsere Welt hinein gesprochen. Dieser Welt ist Gottes Gnade erschienen, um sie zu erziehen. Deshalb wird ihr zunächst eine doppelte Diagnose gestellt, der wir auch in der Heiligen Nacht nicht ausweichen, sondern standhalten sollten. Denn in dieser so diagnostizierten Welt feiern wir Weihnachten.

Ware »Weihnacht« oder wahre Weihnacht?

Die erste Diagnose lautet: »Gottlosigkeit«. Ist damit nicht auch unsere Welt heute gemeint? Zeichnet sie sich nicht weithin durch eine elementare Gottvergessenheit aus? Diese Diagnose kann freilich nicht bedeuten, dass die Menschen überhaupt nicht mehr an Gott glauben würden. Aber es scheint sich weithin um einen Gott zu handeln, der sich nicht um den einzelnen Menschen kümmert und der in der Welt nicht handelt. Diesem Gott, wenn es ihn denn schon geben sollte, traut man höchstens zu, dass er den Urknall angestoßen hat. Mehr jedoch bleibt ihm nicht in der aufgeklärten Welt von heute. Es scheint beinahe lächerlich, sich vorzustellen, dass ihn unsere Taten und Untaten interessieren könnten; so klein kommen wir uns doch vor angesichts der immensen Größe des Universums. Und es erscheint bald mythologisch oder sogar fundamentalistisch, ihm Aktionen in der Welt zuzuschreiben.

Angesichts eines derart blassen Gottesbildes kann es nicht erstaunen, dass das Reden von Gott immer mehr aus der gesellschaftlichen Öffentlichkeit entschwunden ist. Zwar wird in den Medien viel über die Kirche geredet, darüber, was sie sagt und macht, vor allem über das, was sie falsch macht, über ihre Veranstaltungen und vor allem über die Reisen des Papstes. Aber über den Glauben an Gott wird in der heutigen Gesellschaft viel zu wenig kommuniziert. Dies ist vor allem in den Diskussionen über die sogenannte Charta der Grundrechte der Europäischen Union konkret ans Tageslicht getreten. Denn Gott kommt in dieser Charta nicht vor; seine Erwähnung war nicht mehrheitsfähig. Man muss geradezu urteilen, dass das neue Europa auf einer atheistischen Basis errichtet werden könnte. Dabei zeichnet sich dieser neuartige Atheismus dadurch aus, dass er weder anklagt noch polemisiert, dass er die Gottesfrage vielmehr ausklammert und von Gott einfach absieht: »Etsi Deus non daretur«!

Soweit die erste Diagnose in unserem biblischen Text, der auch unsere Welt heute trifft. Aus dieser Diagnose folgt die zweite, dass die Menschen »irdischen Begierden« verhaftet sind. Auch damit ist unsere Welt gemeint. Denn in ihr zählt die Macht der Geldwerte mehr als die Werte des Lebens und Glaubens – und manchmal sogar mehr als die Würde des Menschen. Im Westen Europas gilt seit langem die Grundüberzeugung: Nur das zählt, was man zählen und bezahlen kann. Im Osten Europas ist an die Stelle des früheren Kommunismus sehr schnell der heutige Konsumismus getreten.

Von dieser Konsumhaltung ist auch und gerade das Weihnachtsfest selbst betroffen. Denn dieses Fest behält noch Sinn selbst für die Menschen in unserer Gesellschaft, die nicht mehr aus dem christlichen Glauben heraus leben, deren Sinn und Herz vielmehr säkularisiert sind. Manchmal kann man sogar den Eindruck gewinnen, dass das Weihnachtsfest gerade deshalb übersteigert wird, weil es für viele als einziges übrig geblieben ist. Wirtschaft und Werbung wissen darum; und sie verstehen sich darauf, bestimmte Instinkte und Triebe des Kaufens anzusprechen. Weihnachten fällt für viele »mit einem großen Jahrmarkt der Geschäftemacherei« zusammen, so dass es das »am meisten missbrauchte, verweltlichte und entleerte christliche Fest«[43] zu werden droht.

Wetterprognose des christlichen Advents

Weihnachten ist zur Ware geworden. Die Ware »Weihnacht« auf unseren Märkten ist aber nicht die wahre Weihnacht. Auf diese hat uns der Advent vorbereitet. Der christliche Advent aber hat seine spezifische Wetterprognose: Heftige Regenschauer des Gerechten: »Tauet Himmel den Gerechten, Wolken regnet ihn herab.« Der christliche Advent macht uns bewusst, dass das einschneidendste Ereignis aller Zeiten – Gottes Menschwerdung – nicht von uns Menschen gewirkt ist, sondern vom Tau aus dem Himmel abhängt und das Werk Gottes ist. Deshalb haben nicht wir Menschen Weihnachten zu machen, sondern wir dürfen die Zuwendung Gottes zu uns Menschen feiern.

Der Advent bringt dies dadurch zum Ausdruck, dass er immer wieder das Bild einer »unfruchtbaren« und »kinderlosen« Frau in den Mittelpunkt der Aufmerksamkeit stellt: Abraham hatte keinen Erben; doch Sara schenkte ihm trotz ihres hohen Alters auf Gottes Verheißung hin einen Sohn. Hanna, die Mutter des Samuel, hatte lange Zeit darunter gelitten, dass sie keine Kinder bekommen konnte; doch auch ihr wurde ein Sohn geschenkt. Von Elisabeth, der Frau des Priesters Zacharias, heißt es, dass sie keine Kinder hatte; »denn Elisabeth war unfruchtbar, und beide waren schon in vorgerücktem Alter« (Lk 1,7); doch auch sie erhielten einen Sohn, der mit dem Namen Johannes der Täufer Geschichte gemacht hat.

Alter, Unfruchtbarkeit und Kinderlosigkeit sind in der Bibel Bilder für die menschliche Schwäche und Unzulänglichkeit. Mit diesen Bildern ist zugleich die gute Nachricht verbunden, dass allein Gott diese menschliche Schwäche überwinden kann und überwinden wird. Diese biblischen Bilder laden auch uns ein, zu erkennen und zu bekennen, dass auch wir als Einzelne, als Kirche und als Gesellschaft etwas alt und unfruchtbar geworden sind, dass wir aber im Vertrauen auf Gott neues Leben erhoffen dürfen.

Dies ist der Wärmestrom des christlichen Advents: Gottes Gnade ist nicht nur gekommen, um uns zu erziehen, sondern auch und zuerst, um uns zu retten. Wir dürfen auf den Retter und Erlöser hoffen, der aus dem Himmel in die Risse, die unsere Kirche und Welt spalten, und in die Zerrissenheit so vieler Menschen auf Erden hinein kommt. In der Tat könnte man zwar angesichts von soviel Ungerechtigkeit, Lieblosigkeit und Unfrieden in der heutigen Welt die Frage stellen, ob man überhaupt noch Weihnachten feiern *kann*. Diese Frage stellt sich mit Recht, wenn wir in die heutige Welt hineinschauen, vor allem in das Heilige Land, wo die Eskalation des Hasses und der Gewalt kein Ende nehmen will. In Betlehem, im »Haus des Brotes«, haben die Menschen nicht einmal mehr das tägliche Brot. Größer könnte der Gegensatz zu der Botschaft, die wir an Weihnachten feiern dürfen, nicht mehr sein!

Doch gerade in dieser Finsternis können wir nicht nur, sondern *dürfen* wir Weihnachten feiern. Denn Weihnachten ist nicht ein Ereignis, das wir bewerkstelligen könnten; es ist vielmehr die unableitbare Tat Gottes. Mag die Not der Welt noch so groß sein – die Hoffnung des Himmels ist stets größer. Denn Gott selbst hat »Schloss und Riegel« des Himmelstores aufgebrochen, wie wir im alten Adventslied: »O Heiland, reiß die Himmel auf« singen. Gott selbst ist in unser Leben eingetreten, um die von uns Menschen verschuldeten Risse und unsere menschliche Zerrissenheit zu heilen. Dies ist doch der tiefste Glaubensgrund unserer Freude an Weihnachten.

Gottes Offenbarung im Zeichen des Kindes

An Weihnachten wird der tiefste Kern der Liebe sichtbar: Wahre Liebe setzt immer das Geliebtwerden voraus. Genauso ist auch das christliche Leben das Annehmen unseres Geliebtwerdens von Gott und das Durchhalten dieses gläubigen Annehmens selbst in Situationen des Leidens und des Kreuzes. Solches Leben im vertrauenden Empfangen der Liebe Gottes heißt »besonnen, gerecht und fromm in dieser Welt leben« (Tit 2,12). Dazu will uns die Gnade Gottes, die erschienen ist, um alle Menschen zu retten, erziehen. Oder mit anderen Worten: Die Weihnachtsgnade will uns zu Söhnen und Töchtern Gottes machen. Dies können wir aber nur deshalb werden, weil der Sohn Gottes selbst Mensch geworden ist, wie dieses Geheimnis bereits im vierten Jahrhundert der Heilige Athanasius so ausgedrückt hat: »Der Mensch könnte nicht vergöttlicht werden und bliebe an ein Geschöpf gebunden, wenn der Sohn nicht wahrer Gott wäre.«[44]
Der Sohn des Vaters ist wahrer Gott und wahrer Mensch. Deshalb ist es für den christlichen Glauben fundamental und unverzichtbar, zu bekennen, dass der Sohn Gottes selbst wahrhaft Fleisch geworden ist und alle Dimensionen des Menschlichen – außer der Sünde – angenommen hat. Als Christen dürfen wir an einen Gott glauben, der

in sich selbst keine Berührungsängste vor der menschlichen Geschöpflichkeit seines eigenen Sohnes hat; und wir dürfen einen Glauben leben, der die Erde liebt. In seinem eigenen Sohn offenbart sich uns Gott so, wie er ist. Und an seinem Sohn können wir Gott selbst kennen lernen. Es ist deshalb entscheidend wichtig, genau hinzusehen und wahrzunehmen, wie dieser Sohn aussieht. Auf zwei Gesichtszüge dieses Sohnes möchte ich gerade an Weihnachten besonders hinweisen:

Um sich uns Menschen zu offenbaren und uns nahe sein zu können, hat Gott in seinem Sohn erstens die Gestalt eines Kindes gewählt. Diese Wahl hat Gott wohl deshalb getroffen, weil ein Kind jeden Menschen unmittelbar anspricht. Es ist gerade die Kleinheit und Unberührtheit eines Kindes, die uns Menschen unmittelbar anrührt. Der Anblick eines Kindes geht uns zu Herzen. In der Begegnung mit einem Kind, zumal einem neugeborenen, werden wir unserer eigenen Geschöpflichkeit und Verletzlichkeit ansichtig. Wir spüren instinktiv, dass das Kind unsere eigene Angewiesenheit und Bedürftigkeit lebt, die wir als erwachsene Menschen freilich so gerne verstecken oder verdrängen.

Weihnachten aber verkündet uns: Der unendliche, erhabene und unfassbare Gott wird greifbar in der Armut und Ohnmacht eines Kindes. Größer könnte der Abgrund gar nicht sein, der zwischen der Ewigkeit Gottes und der Geschöpflichkeit eines Kindes besteht! Doch diesen Abgrund hat Gott ein für allemal überbrückt mit der Kindwerdung seines eigenen Sohnes. Jesus Christus ist deshalb der wahre Brückenbauer zwischen Gott und Mensch und der wahre Pontifex zwischen Himmel und Erde. Ja, Jesus Christus selbst ist die Brücke, die uns einlädt, sie zu begehen und auf ihr dem Gott entgegenzugehen, der uns zuerst entgegenkommt: Jesus ist die »wahre Neuheit, die jede Erwartung der Menschheit übersteigt«[45].

Krippe und Kreuz

Eben deshalb ist das Kind in der Krippe nicht irgendein Kind. Zu seiner wahren Neuheit gehört vielmehr zweitens, dass bereits bei seiner Geburt seine Zukunft am Kreuz in den Blick kommt. Dieser Zusammenhang von Menschwerdung Gottes an Weihnachten und Kreuzigung Jesu am Karfreitag wird uns vor allem von den Weihnachtsikonen der Ostkirche nahegelegt. Die Krippe ist hier nämlich zumeist dargestellt wie ein »hohes, gemauertes oder steinernes, altarähnliches Gebilde«[46]. Dieses zeichnet dem Kind von Anfang an den Weg vor, der zum Altar des Kreuzes führen wird. Man redet deshalb auch von einer »Altarkrippe«. Dieser Zusammenhang von Menschwerdung und Kreuz wird noch dadurch unterstrichen, dass das Kind fast immer fest eingeschnürt dargestellt und somit eine Parallele zur Grablegung nahegelegt wird. Die Weihnachtsikone verkündet so die befreiende Botschaft, dass Christus bereits in seiner Menschwerdung in die Tiefe der Todeswelt hinabgestiegen ist, in der die in Todesschatten sich aufhaltende Menschheit lebt und auf das Licht von oben sehnsüchtig wartet, wie es beim alttestamentlichen Propheten Jesaja heißt: »Das Volk, das im Dunkeln lebt, sieht ein helles Licht; über denen, die im Land der Finsternis wohnen, strahlt ein Licht auf« (9,1). Der unlösbare Zusammenhang von Krippe und Kreuz verleiht dem Weihnachtsfest seinen tiefen Ernst. Deshalb reicht es für uns Christen nicht hin, wenn wir uns höchstens an Weihnachten daran erinnern, dass der Sohn Gottes in unsere Welt gekommen ist. Die Menschwerdung Gottes ist vielmehr ein derart ernsthaftes Geschehen, dass sie bereits auf das Kreuz Jesu Christi vorausweist. Dort, wo dieser Zusammenhang von Krippe und Kreuz aus dem Glaubensbewusstsein entschwindet, droht Weihnachten bald zu einer Angelegenheit allein des wohlfeilen Gefühls

in einer konsumorientierten Welt zu werden. Dort hingegen, wo der Zusammenhang von Krippe und Kreuz lebt, wird uns der Ernst der Gnade Gottes bewusst, die uns dazu erziehen will, »uns von der Gottlosigkeit und den irdischen Begierden loszusagen und besonnen, gerecht und fromm in dieser Welt zu leben«. An der Altarkrippe geht uns auf, dass wir ohne Weihnachten arm dran wären – ganz gleich, wie reich der Gabentisch gedeckt sein mag. Da dürfen wir die Erfahrung machen, dass das Licht von Weihnachten jedes andere Licht, auch das von uns Menschen selbst gemachte Weihnachtslicht, in den Schatten stellt. Denn es gibt keine lichtvollere Nachricht als die von Weihnachten:
Der allmächtige Gott ist in einem ohnmächtigen Kind zur Welt gekommen. Der ewige Gott hat unsere endliche Zeit auf sich genommen. Der unendlich große Gott hat im hintersten Winkel unseres Globus seinen Fuß auf unsere Erde gesetzt. Wir dürfen die Geburt jenes Kindes feiern, in dem Gott selbst konkret erfahrbar geworden ist, um uns Menschen die Hand des Friedens und der Versöhnung zu reichen. Nehmen wir in dieser Heiligen Nacht die uns dargebotene Hand Gottes dankbar an. Dann kann es wirklich Weihnacht werden, die ich Ihnen von Herzen wünsche: Ein von Gott gesegnetes und gnadenreiches Weihnachtsfest: Nicht die Ware »Weihnacht« auf unseren Märkten, sondern die wahre Weihnacht Gottes in unseren Herzen!

Das Wunder der Weihnacht[47]

Weihnachtswunder konkret

Es war am Weihnachtsfest im Jahre 1886. Der junge französische Schriftsteller *Paul Claudel* ging in die Kathedrale Notre Dame in Paris während der Zeit des Hochamtes. Dabei war er keineswegs von der Absicht geleitet, den Weihnachtsgottesdienst mitzufeiern. Denn nach seiner Erstkommunion hatte er sich von der Kirche immer mehr entfremdet und sich von seinem Glauben verabschiedet. Der damals 19-jährige Dichter erwartete von der gottesdienstlichen Atmosphäre in Notre Dame bloß ein paar Anregungen für sein literarisches Arbeiten, wie er selbst bekennt: »In dieser Verfassung wohnte ich, von der Menge gestoßen und gedrückt, dem Hochamt bei.«

Wiewohl er mit dem Weihnachtsfest nichts mehr anzufangen und folglich auch nicht wusste, was er mit diesem freien Tag machen soll, ging er am Nachmittag nochmals nach Notre Dame zur Vesper. Während die Chorknaben das Magnifikat sangen, geschah etwas, das man nur mit den Worten Paul Claudels selbst wiedergeben kann: »In einem Nu wurde mein Herz ergriffen, ich glaubte. Ich glaubte mit einer so mächtigen inneren Zustimmung, … mit solch unerschütterlicher Gewissheit, dass keinerlei Platz auch nur für den leisesten Zweifel offen blieb, dass von diesem Tag an alle Bücher, alles Klügeln, alle Zufälle eines bewegten Lebens meinen Glauben nicht zu erschüttern, ja auch nur anzutasten vermochten … Es ist wahr! Gott existiert, er ist da. Er ist jemand, er ist ein ebenso persönliches Wesen wie ich. Er liebt mich, er ruft mich.«

Dieses Ereignis muss Claudel wie einen »Überfall der Gnade«[48] empfunden haben, weshalb er sich viele Jahre

später noch genau daran erinnern konnte, wo er in Notre Dame gestanden hatte, nämlich nahe beim zweiten Pfeiler am Choranfang, rechts auf der Seite der Sakristei. 18 Jahre später konnte Claudel dieses Ereignis so deuten: »Während ich auf das Magnifikat hörte, hatte ich die Offenbarung von einem Gott, der die Arme nach mir ausstreckte.« Diese Erfahrung hat im Leben Claudels eine große Wende gebracht. Das Wunder der Weihnacht hat sich in seinem Leben sehr konkret und hautnah ereignet. Seither war er nicht nur ein tief gläubiger Mensch, sondern er stellte auch sein literarisches Schaffen ganz in den Dienst der Verkündigung des christlichen Glaubens.
Ich weiß nun natürlich nicht, aus welchen genauen Gründen und mit welchen Absichten Sie, liebe Gottesdienstteilnehmer, heute in die Kirche gekommen sind. Es steht mir auch nicht zu, darüber zu spekulieren oder gar die guten Motive zu bezweifeln. Ich kann aber auch nicht garantieren, dass sich heute ein ähnliches Wunder ereignen wird. Doch mich treibt eine Frage um, die ich nicht nur an mich richte, sondern auch gerne an Sie adressieren möchte: Wenn wir ehrlich zu uns selbst sind, müssen wir dann nicht bekennen, dass auch uns allen eine große Wende, wie sie Claudel erfahren hat, Not tut? Denn gleicht unser Leben manchmal nicht auch demjenigen des jungen Claudel vor dem Weihnachtsfest 1886?

Gottverbundenheit oder Gotteskrise?

Wenn wir diese Wende im Leben Claudels als Anruf auch an uns verstehen, stellen sich weitere Fragen ein: Können auch wir so problemlos bekennen, dass Gott existiert, dass er da ist, dass er mich liebt und dass er mich ruft, ja dass er »ein ebenso persönliches Wesen ist wie ich«? Oder liegt unser Problem nicht oft darin, dass wir zwar theoretisch und abstrakt Gott bekennen, dass er aber im konkreten Leben des Alltags so oft keine, jedenfalls keine zentrale Rolle spielt? Gewiss glauben wir an Gott; aber ist er wirklich eine lebendige Größe in unserem Leben?

Diese Fragen verschärfen sich mit einem auch nur kurzen Einblick in die heutige Lebenssituation: Weithin können sich die Menschen kaum mehr einen Gott vorstellen, der sich um den einzelnen Menschen kümmert und der überhaupt in der Welt handelt. Dies bedeutet freilich nicht, dass die Menschen nicht mehr an Gott glauben würden; aber es scheint sich weithin um einen Gott zu handeln, der in der Geschichte der Menschen nicht als gegenwärtig wahrgenommen wird. Dieses Verblassen des biblisch-christlichen Bildes Gottes als eines in der Geschichte der Menschen gegenwärtigen und handelnden Gottes hat der katholische Theologe *Johann B. Metz* als »Gotteskrise« diagnostiziert und in dieser Kurzformel festgemacht: »Religion ja – ein persönlicher Gott nein«[49]. Diese Gotteskrise ist gewiss nicht leicht zu diagnostizieren, zumal sie heute in einer äußerst religionsfreundlichen Atmosphäre stattfindet. Aber sie bringt auf jeden Fall zum Ausdruck, dass die Gottesfrage für viele Menschen unserer Zeit keine sie bewegende Frage darstellt. Der Gott der heute vagabundierenden Religiosität ist weder zum Fürchten noch zum Lieben.

Die Menschen heute glauben zwar an Gott, aber sie haben so oft den Eindruck, dass er sich verbirgt – und sie machen sich gerade deshalb nicht auf den Weg, ihn mit Leidenschaft zu suchen. Dieser Situation müssen wir uns auch und gerade in der Heiligen Nacht stellen. Denn Weihnachten verkündet uns einen Gott, der gewiss im Verborgenen lebt, der aber im wörtlichen Sinn zur Welt gekommen ist, der selbst Mensch und als Schöpfer der Welt selbst ein Geschöpf geworden ist. In einem wehrlosen Kind verbirgt sich dieser Gott. Und dennoch ereignet sich in diesem wehrlosen Kind die von Claudel gepriesene »Offenbarung von einem Gott, der die Arme nach mir ausstreckte«. In diesem Kind wartet Gott darauf, dass wir ihn leidenschaftlich suchen und finden.

Gottsucher wie Hirten und Weisen

Die Heilige Nacht schenkt uns mit seinem tröstlichen Evangelium von der Geburt des Retters einen hilfreichen Wegweiser: Gesucht und gefunden werden kann Gott am leichtesten von Hirtenmenschen, und zwar aus einsehbaren Gründen. Sie hatten deshalb den kürzesten Weg zu Jesus in der Krippe, weil sie sich auf dem Felde in der Nähe des Geburtsorts des Heilands aufhielten. Diese kurze Wegstrecke liegt aber genauer darin begründet, dass der Heiland selbst in ihre Mitte gekommen war und in ihre Nähe kommen wollte. Er wollte nicht in den reichen Palästen von Königen zur Welt kommen, sondern bei den armen, einfachen und kleinen Hirtenmenschen. Von ihnen sagte der Dichter *Paul Claudel* mit Recht: »Sie sind so arm, dass es dem lieben Gott gar nicht auffällt. Und sein Sohn sich gleich zuhause fühlt, wenn er sich ihnen beigesellt.«

Solchen Hirten aber wurde zuerst die frohe Botschaft der Heiligen Nacht zuteil: »Fürchtet euch nicht, denn ich verkünde euch eine große Freude, die dem ganzen Volk zuteil werden soll: Heute ist euch in der Stadt Davids der Retter geboren; es ist der Messias, der Herr« (Lk 2,10–11). Diese Hirtenmenschen hatten den kürzesten Weg zu Jesus in der Krippe – ganz im Unterschied zu den Reichen und Wohlhabenden, die gezwungen sind, zuerst über ihre Aktenhügel und Aktienberge zu klettern und von ihrem Reichtum Abstand zu nehmen, um sich aufmachen und den Weg zu dem im Kind verborgenen und doch hilfreich offenbaren Gott suchen zu können. Demgegenüber zeigen die Hirten, dass den Weg zu Jesus nur finden kann, wer bereit ist, den Weg der Demut und der Armut, den Weg der Anspruchslosigkeit und der Bedürftigkeit zu wählen.

Dies ist genauerhin der Weg des ehrlichen Eingeständnisses unseres menschlichen Elends. Denn wenn nicht die Gesunden den Arzt brauchen, sondern die Kranken, dann kann auch die heilende Nähe des göttlichen Arztes nur erfahren, wer seine eigene Krankheit nicht verdrängt. Liegt aber nicht genau darin die große Schwierigkeit von uns Menschen heute, dass wir so oft unsere Wunden verpflastern und uns dann wundern, dass der Balsam des weihnachtlichen Evangeliums nicht wirkt? Heilend wirksam vermag der Balsam nur zu werden, wenn er in direkten Kontakt mit unseren Wunden kommt. Er schmerzt dann zwar, aber er kann nur so heilen. Darin liegt die Lebensweisheit von Hirten. Sie sind Menschen, die zu ihrem Elend stehen, die es nicht unterdrücken, sondern ausdrücken.

Darin unterscheiden wir Menschen uns heute sehr von den Hirten. Unter dieser Rücksicht sind wir gewiss keine Hirten. Wenn schon, sind wir eher mit den Weisen aus dem Morgenland zu vergleichen. Diese gehörten ebenfalls zu den Wohlhabenden und hatten deshalb auch einen längeren Weg zum Kind in der Krippe als die Hirten. Es versteht sich von daher auch, dass sie als wohlhabende Leute das neugeborene Kind zunächst im reichen Palast des Königs Herodes suchten. Als sie freilich entdecken mussten, dass sie damit auf eine falsche Fährte geraten waren, waren sie bereit, ihre Vorstellungen zu korrigieren, ihre Erwartungen zurückzustecken und ihre zwar nicht äußere, wohl aber innere Armut zurückzugewinnen. Und als sie das Kind in der Krippe fanden, warfen sie sich zu Boden, machten sich klein wie das Kind und huldigten ihm.

Weihnachtliche Wende auch heute

Auf diesem Weg des Sich-klein-Machens haben die Weisen den Sinn ihres Lebens gefunden. Sie haben vor allem entdeckt, dass der tiefste Sinn des menschlichen Lebens in jener intimen Gottverbundenheit liegt, die Paul Claudel als »Offenbarung von einem Gott, der die Arme nach mir ausstreckte«, erfahren und gedeutet hat. In der Tat braucht der Mensch die persönliche Verbundenheit mit Gott, um leben zu können. Wenn der Mensch nämlich umgekehrt Gott verliert, droht er auch sich selbst zu verlieren. Wo das Geheimnis Gottes verdunstet, wird früher oder später auch das Geheimnis des Menschen in Vergessenheit geraten. Die heute weit verbreitete Gleichgültigkeit gegenüber Gott schlägt bald in Gleichgültigkeit gegenüber dem Menschen um. Und das Leben ohne Gott, wie verlockend und befreiend es auch erscheinen mag, schafft letztlich nur eine große Traurigkeit. Unsere heutige Welt weiß davon ein Lied zu singen!

Gott und Mensch sind aber nicht voneinander zu trennen. Gott selbst hat sie an Weihnachten unlösbar miteinander verbunden im Kind in der Krippe. Denn der in der Krippe menschgewordene Gottessohn ist gleichsam der Arm, den der göttliche Vater aus seiner Ewigkeit in unsere Geschichte hineinhält, um uns zu sich zu holen. Und wie ernst Gott es damit meint, zeigt das Kreuz, an dem Christus seine Arme ganz für uns ausgebreitet hat. Was Paul Claudel in der weihnachtlichen Stunde seiner Bekehrung erfahren hat, ist auch die Verheißung des Weihnachtsfestes für uns: »Gott existiert. Er ist da ... Er liebt mich, er ruft mich.«

Möge dieses Wunder der Weihnacht, das Paul Claudel vor über hundert Jahren zuteil geworden ist und in sein Leben eine große Wende gebracht hat, auch uns Menschen heute zuteil werden! An Gott wird es bestimmt nicht fehlen.

Denn Weihnachten ist Wirklichkeit: vor 2000 Jahren in Betlehem, vor über 100 Jahren in Notre Dame in Paris, aber auch heute bei uns. Gehen wir dem weihnachtlichen Kind in der Krippe entgegen auf dem kurzen Weg wie Hirten oder auf dem längeren Weg wie die Weisen aus dem Morgenland. Öffnen wir ihm unser verwundetes Herz und lassen wir uns von ihm beschenken mit seiner weihnachtlichen Gabe, die er selbst ist und die wie Balsam wirkt. Dann kann sich auch in unserem Leben eine Wende ereignen: eine Wende, die wir dringend brauchen, und eine Wende, die für unsere heutige Gesellschaft lebensnotwendig ist. Möge dieses Wunder der Weihnacht auch in unserem Leben geschehen!

Gottes Ehre und Friede der Menschen[50]

Weihnachten ist das Fest des Friedens schlechthin. Damit gibt es Antwort auf eine große Sehnsucht der Menschen und Völker heute. Die Menschen sehnen sich nach wahrem und tragfähigem Frieden, und die Völker sind von der Hoffnung bewegt, dass sie in Frieden leben können. Von daher ist es verständlich, dass wir voll Erwartung gespannt sind auf jede Verhandlung und jeden Vertrag, den die Großmächte miteinander aushandeln und der Schritte zur Abrüstung einleiten soll. Alles was auf der politischen Ebene für den Frieden getan werden kann, ist selbstverständlich und leidenschaftlich zu begrüßen. Dennoch stellt sich die Frage, ob damit der Friede schon garantiert ist und ob der Weltfriede von uns Menschen überhaupt hergestellt und gemacht werden kann.

Weihnachtlicher »Doppelbeschluss« Gottes

Die Botschaft der Heiligen Weihnacht ist diesbezüglich durchaus skeptisch. In ihrem Mittelpunkt steht zwar die Verkündigung des Friedens unter den Menschen. Dieser Friede fällt uns aber nicht einfach in den Schoß. Er ist vielmehr an eine präzise Voraussetzung gebunden, wie sie in der Weihnachtsbotschaft der Engel zum Ausdruck kommt: »Verherrlicht ist Gott in der Höhe, und auf Erden ist Friede bei den Menschen seiner Gnade« (Lk 2,14). Diese Weihnachtsbotschaft beinhaltet einen göttlichen »Doppelbeschluss«: die Ehre Gottes und der Friede der Menschen, und zwar in dieser Reihenfolge. Der Friede unter den Menschen auf Erden hängt ab von der Ehre Gottes in der Höhe. Ob es auf Erden wirklich Frieden geben kann, wird sich daran entscheiden, ob Gott die Ehre zuteil wird, die ihm gebührt. Nur wenn wir Gott geben, was Gottes ist, nämlich die ihm geziemende Ehre, wird auch uns Menschen gegeben, was des Menschen ist, nämlich der Friede. Darin besteht die frohe, aber zugleich sehr ernste und ungemein herausfordernde Botschaft von Weihnachten.

Mit diesem unlösbaren »Doppelbeschluss« von Ehre Gottes und Friede der Menschen steht oder fällt Weihnachten. Denn in der Heiligen Nacht ist der Sohn Gottes Mensch geworden und in unsere Welt gekommen, um Gott die Ehre zu geben. Jesus Christus hat in seinem irdischen Leben nur getan, was ihm sein göttlicher Vater aufgetragen hat. Er ist in unsere Welt gekommen, um den Willen Gottes zu erfüllen. Deshalb hat er uns auch gelehrt, in einer ganz neuen Sinnrichtung zu beten, nämlich für Gott zu beten: dass sein Reich komme, dass sein Name geheiligt werde und dass sein Wille geschehe wie im Himmel so auf Erden. Und Jesus konnte am Ende seines irdischen Lebens seine ganze Sendung so zusammenfassen: »Vater, ich habe dich auf der Erde verherrlicht und das Werk zu Ende geführt, das du mir aufgetragen hast« (Joh 17,4).

Jesus ist Mensch geworden, um Gott zu geben, was Gottes ist, seine Ehre. Gerade dadurch hat er uns Menschen auf Erden Frieden gebracht. Denn in den Augen Jesu gibt es keinen Frieden für die Menschen ohne die Ehre Gottes. Wer die Ehre Gottes nicht sucht oder außer Acht lässt, der bringt es höchstens zum Gleichgewicht des Schreckens und der menschlichen Angst, zum Schweigen der Waffen und zum Waffenstillstand. Und wer Gott beiseite schiebt, der steht in der Gefahr, dem Frieden das Grab zu schaufeln. Wahrer Friede ist vielmehr nur dort möglich, wo Gott die Ehre gegeben wird: »Allein Gott in der Höh sei Ehr.«[51]

Friede in gesunden Verhältnissen

Anlässlich der Seligsprechung von Pater Rupert Mayer, der den gottfeindlichen Mächten der Nationalsozialisten unerschrocken entgegengetreten und dessen Wahlspruch »Alles zur größeren Ehre Gottes« gewesen ist, hat *Papst Johannes Paul II.* am 3. Mai 1987 im Münchener Olympiastadion betont: »Wir hören heute viel von Menschenrechten. In sehr vielen Ländern werden sie verletzt. Von Gottesrechten aber spricht man nicht. Und doch gehören Menschenrechte und Gottesrechte zusammen. Wo Gott und sein Gesetz nicht geehrt wird, erhält auch der Mensch nicht sein Recht … Unser Leben ist nur dann in Ordnung, wenn unser Verhältnis zu Gott in Ordnung ist.«
Der Papst hat damit den biblischen Friedensgedanken treffend profiliert, der an Weihnachten offenbar geworden ist. Denn Schalom ist ein Verhältniswort und meint vor allem ein fünffaches Verhältnis, nämlich das Verhältnis des Menschen zu seinen Mitmenschen, das Verhältnis des Menschen zur Gemeinschaft, das Verhältnis des Menschen zur ganzen Schöpfung, das Verhältnis des Menschen zu sich selbst und in diesen vier Verhältnissen das Verhältnis des Menschen zu Gott. Nur dort, wo diese fünf Verhältnisse gesund und intakt sind, wagt es die Bibel, von Frieden zu reden.
Wahrhafter Friede gründet deshalb in einer lebendigen Beziehung zu Gott. Dies bedeutet konkret, dass der Weltfriede im Kleinen beginnen muss, nämlich im Herzen des Menschen. Bereits die geschichtliche Erfahrung zeigt zur Genüge, dass Krieg und Streit aus friedlosen Herzen hervorgehen und dass Kriege in den Köpfen von Menschen beginnen und geplant werden. Dann gilt aber auch umgekehrt, dass in den Köpfen der Menschen Vorsorge für den Frieden getroffen werden muss und dass der Friede der Welt aus dem Frieden des Herzens erwächst. Deshalb

kann »nur der Mensch, der irgendwie von innerer Befriedung weiß und der – so sagen wir Christen – im letzten im Frieden mit Gott lebt«, jene »Haltung radikal haben, die auch dem Frieden unter den Menschen dienen kann«[52].

Entängstigung als Friedensgrund

Der religiöse Friede des Menschen mit Gott, wie er uns an Weihnachten zuteil wird, hat also viel mehr mit dem Weltfrieden zu tun, als es dem oberflächlichen Blick selbst von uns Christen oft scheinen mag. Dies leuchtet vor allem dann ein, wenn man bis in die Mitte des menschlichen Herzens als der eigentlichen Ursache allen Unfriedens vordringt. Dann zeigt sich, dass die Angst die eigentliche Wurzel aller menschlichen Aggressivität ist. Die allgemeine Ausgangsbedingung aller Aggression liegt in der fundamentalen Daseinsangst des Menschen vor. Denn in der Angst zeigt sich, wie sehr der Mensch in seinem Verhältnis zur Welt um sich selbst besorgt ist und deshalb im anderen Menschen nur noch den bedrohlichen »Wolf« zu sehen vermag, gegen den er sich mit allen Mitteln sichern muss: »Homo homini lupus«.
Von dieser angstvollen Sorge des Menschen um sich selbst will und kann Weihnachten uns befreien. Denn seine Botschaft entlastet uns von der gequälten Sorge um uns selbst; und diese Befreiung ermöglicht es, im anderen Menschen die »Schwester« und den »Bruder« wahrzunehmen, mit denen man solidarisch verbunden ist: »Homo homini frater«. Genau in diesem weihnachtlichen Vorgang der Entängstigung im menschlichen Herzen liegt jener Friede begründet, der uns an Weihnachten geschenkt wird von Jesus Christus, der bei seinem irdischen Abschied seinen Jüngern verheißen wird: »Frieden hinterlas-

se ich euch, meinen Frieden gebe ich euch; nicht einen Frieden, wie die Welt ihn gibt, gebe ich euch« (Joh 14,27). Und wenn Jesus am Ostertag in die Mitte seiner Jünger treten wird, wird er ihn ihnen nochmals zusprechen: »Friede sei mit euch!« (Joh 20,19).
Diesen entängstigenden Frieden kann uns Jesus aber nur deshalb bringen, weil er zunächst Gott die Ehre gegeben hat und weil sein Herzensanliegen darin bestand, unser Verhältnis zu Gott in Ordnung zu bringen. Denn nur wenn dieses Verhältnis in Ordnung ist und in Frieden lebt, können auch die anderen menschlichen Verhältnisse gesunden: »Nur wer letztlich Gott liebt, kann es fertigbringen, sich auf den anderen Menschen bedingungslos einzulassen und ihn nicht zum Mittel seiner eigenen Selbstbehauptung zu machen.«[53]

Gottesliebe und Friedenspraxis

Gott zu lieben setzt aber die schöne Erfahrung voraus, zunächst von Gott selbst geliebt zu sein. Wer aus dieser Erfahrung lebt, kann dann auch sich selbst lieben, wie es Jesus uns in seinem dreifachen Gebot zumutet: »Du sollst den Herrn, deinen Gott, lieben mit ganzem Herzen und ganzer Seele, mit all deiner Kraft und all deinen Gedanken, und: Deinen Nächsten sollst du lieben wie dich selbst« (Lk 10,27). Hier liegt es begründet, dass die Selbstliebe im christlichen Glauben weder verboten noch verdrängt wird. In den Augen Jesu ist sie vielmehr das Maß und die Kraft wahrer Gottes- und Nächstenliebe.
Dies leuchtet spätestens dann ein, wenn man die Gegenprobe macht: Wie soll denn ein Mensch, der sich selbst nicht lieben kann, Gott und seinen Nächsten lieben können? Muss ein Mensch, der voll von Wut ist gegen sich selbst und sein Geschick, nicht auch im Hader mit Gott

leben und sich aggressiv gegen seine Umwelt entladen? Wie kann ein Mensch, der sich selbst nicht leiden mag, mit Gott in Frieden leben und seinen Nächsten ertragen? Muss der, der sich selbst verabscheut, nicht auch seine Mitmenschen verachten und in einem tiefen Gotteshass leben? Wie viel Gleichgültigkeit gegenüber Gott und wie viel Menschenhass hat doch gerade in einem geheimen Selbsthass seine gefährlichste Wurzel!

Diese Gegenprobe ergibt zweifellos, dass wahre Selbstliebe nichts mit Egoismus zu tun hat. Der Egoismus ist vielmehr eine Spielart des Selbsthasses und damit das schiere Gegenteil der Selbstliebe. Diese aber ist der Prüfstein für wahre Gottesliebe und echte Nächstenliebe. Dies gilt zumal in der Sicht des christlichen Glaubens, für den sich selbst zu lieben zutiefst bedeutet, darum wissen zu dürfen und daraus zu leben, von Gott selbst geliebt zu sein. Darin liegt jener Friede begründet, den Christus uns an Weihnachten schenkt.

Friedens-»Logik« Gottes

Dieser Friede ist aber nicht möglich, ohne Gott die Ehre zu geben, die ihm gebührt. So verkünden es die Engel an Weihnachten: »Verherrlicht ist Gott in der Höhe, und auf Erden ist Friede bei den Menschen seiner Gnade.« Dass beides unlösbar zusammengehört, ja dass der Friede der Menschen in der Achtung der Ehre Gottes gründet: Darin liegt die tiefe Logik jenes Logos und damit jenes Wortes, von dem das Evangelium sagt, dass es bei Gott ist und dass es Gott selbst ist.

Weihnachten lädt uns ein, uns diese Logik Gottes anzueignen. Lassen wir uns deshalb den Herzensfrieden, den der göttliche Logos uns schenkt, auch wirklich von Herzen gefallen. Nehmen wir Weihnachten zum Anlass, wieder neu zu entdecken, dass dieser Friede von der Ehre abhängt, die wir Gott schulden. Lassen wir deshalb nicht zu, dass Gott immer mehr aus dem öffentlichen Leben hinausgedrängt wird. Stellen wir vielmehr den christlichen Mann und die christliche Frau dort, wo Gott verhöhnt wird und wo Heiliges in den Schmutz gezogen wird. Lassen wir uns in die Pflicht nehmen, zum Gottesbewusstsein in der heutigen Welt Sorge zu tragen.

Lassen wir uns selbst als Boten der Weihnacht engagieren und die Botschaft der Engel in die heutige Welt hineintragen, und zwar vor allem dadurch, dass wir selbst Gott in der Höhe die Ehre geben und uns dadurch auf Erden als wahre Friedensförderer und Friedensmacher, als Pazi-*faci*-sten bewähren. Geben wir selbst in unserem Leben Gott, was Gottes ist, nämlich die Ehre, so dass auch uns Menschen gegeben wird, was des Menschen ist, nämlich Friede. Ehren wir Gott in der Höhe, auf dass auf Erden uns Menschen Friede geschenkt werde. Dann bewahrheitet sich auch heute der weihnachtliche »Doppelbeschluss« Gottes, der seit Betlehem Gültigkeit hat – auch heute und bis in Ewigkeit.

Das Weihnachtslicht in der Dunkelkammer des Lebens[54]

Eine Botschaft für Hirtenmenschen

»Fürchtet euch nicht!« Dies ist die Botschaft des Engels des Herrn an die Hirten, die auf freiem Feld lagern und Nachtwache bei ihrer Herde halten. Dies ist sogar die präzise Antwort auf die Aussage über die Hirten im Evangelium: »Sie fürchteten sich sehr.« Hirten haben auch allen Grund, sich zu fürchten. Denn die Hirten im Evangelium sind keineswegs jene süßlich-zarten Figuren, zu denen wir sie oft in unseren Krippendarstellungen gemacht haben. Diese Hirtenromantik entspricht freilich mehr unserem Wunschdenken als der damaligen Realität. Zur Zeit Jesu waren Hirten jedenfalls Menschen, die sich sehr gut auf unsere oft genug mörderische Welt verstanden. Sie hatten ihre Herde vor den beißenden und reißenden Wölfen zu hüten. Hirten hatten Grund, sich zu fürchten.

In den Hirten können wir uns gerade heute wiederfinden. Denn wir leben in einem Zeitalter der Angst. Die Angst gehört zu den Grundstimmungen des heutigen Menschen, auch und gerade nach den schrecklichen Ereignissen in diesem Jahr. Der grauenhafte Terror in den USA am 11. September und die anschließenden kriegerischen Auseinandersetzungen in Afghanistan, das schreckliche Attentat in Zug am 27. September und der die Schweiz demütigende Crash bei der Swissair, die Eskalation des Hasses und der Gewalt im Heiligen Land und die Bürgerkriege in Afrika haben uns alle tief betroffen und nachdenklich gemacht. Wir haben erfahren müssen, dass wir uns in wirtschaftlicher und politischer Hinsicht nicht mehr in jener Sicherheit wiegen dürfen, von der wir bisher selbstverständlich ausgegangen sind. Wir sind sehr unsicher und verletzbar geworden. Wir sehen den Hirten im Weihnachtsevangelium sehr ähnlich, von denen es heißt: »Sie fürchteten sich sehr.«

Im Weihnachtsevangelium wird aber gerade den Hirten die Freudenbotschaft zuerst verkündet. Denn wer anders als sie vermöchte besser und intensiver zu ermessen, was die Botschaft der Heiligen Weih-Nacht bedeutet: Friede auf Erden! Kein Wolf soll mehr ein Schaf reißen. Und mit dem Morden soll es jetzt endgültig sein Ende haben. Präzis auf Hirtenmenschen ist die Botschaft der Heiligen Weihnacht zugeschnitten. Deshalb dürfen auch wir verunsicherte Menschen heute in neuer Frische und mit großem Vertrauen die Botschaft des Weihnachtsevangeliums vernehmen: »Fürchtet euch nicht!«

Der Realismus der Weihnacht

Diese Botschaft bedeutet freilich nicht, dass uns Weihnachten in einem billigen Sinn unsere Ängste ausreden will. Nein, Weihnachten beschönigt und verharmlost keineswegs die Ängste der Menschen, es verdrängt und verscheucht sie nicht. Die Weihnacht lässt die Ängste vielmehr zu, sie nennt sie bei ihrem Namen und stellt sie nüchtern und realistisch fest. Deshalb heißt es ja ausdrücklich von den Hirten im Weihnachtsevangelium, dass sie sich sehr fürchteten. Das ist der Realismus der Heiligen Weihnacht, der dem Realismus des menschlichen Lebens entspricht. Denn es gibt prinzipiell kein angstfreies Leben. Die Angst gehört offensichtlich so sehr zum Menschsein des Menschen, dass man den Menschen abschaffen müsste, wenn man vorgibt, die Angst abschaffen zu können. Deshalb ist der Mensch, der dort keine Angst empfindet, wo Angst dringend angesagt ist, gerade kein tapferer, sondern ein unmenschlich empfindungsloser Mensch. Und wer sich und den anderen seine Ängste nicht eingesteht, kann letztlich auch keine Hoffnung haben – christliche Hoffnung schon gar nicht.

Weihnachten verbietet uns Menschen also keineswegs die Angst. Dass ein solches Angstverbot uns Menschen überhaupt nichts nützt, dies wissen wir aus eigener Erfahrung; und Eltern wissen es wohl besser als ich. Es taugt beispielsweise überhaupt nichts, einem kleinen Kind, das sich in seinem dunklen Schlafzimmer ängstigt, seine Angst wegreden zu wollen im Stile der Allerweltsweisheit: »Du brauchst keine Angst zu haben.« In dieser Situation, in der das Kind von der Angst überfallen wird, kann vielmehr nur eines weiterhelfen: die Tür des Kinderzimmers einen kleinen Spalt offen lassen, damit in die Dunkelheit wenigstens ein Lichtstrahl fallen kann. Dann spürt das Kind, dass es mit seiner Angst nicht allein sein muss. Dieser Lichtstrahl, der durch den Spalt in das Zimmer des sich ängstigenden Kindes fällt, ist in der Tat ein Zeichen der Hoffnung und der Zuversicht.

Nicht nur Kinder, sondern auch wir erwachsenen Menschen bleiben zeitlebens darauf angewiesen, dass ein solcher Lichtstrahl durch einen Spalt in das oft genug dunkle und uns ängstigende Zimmer unseres Lebens fallen kann. Darauf kommt es in unserem Leben entscheidend an, dass wir unsere Ängste nicht verscheuchen, sondern dass wir uns vielmehr mitten in unseren Ängsten in der Dunkelkammer unseres Lebens öffnen für das Licht, das die Dunkelheit unseres Lebens zu erhellen vermag. Auch unser Glaube verbietet uns keineswegs die Angst. Er ermutigt uns vielmehr dazu, uns die Ängste einzugestehen, sie also nicht zu unterdrücken, sondern sie auszudrücken. Denn letztlich lässt sich die Angst nur so überwinden: durch die Erfahrung eines offenen Spaltes, durch den Licht in die oft genug dunkle Kammer unseres Lebens dringt.

Das ist das große und schöne Angebot der Heiligen Weihnacht: Sie nimmt uns nicht die Ängste und sie will sie nicht verdrängen. Sie stellt sie vielmehr fest. Aber sie bringt mitten in die Dunkelheit unseres Lebens und unserer Welt Licht: »Fürchtet euch nicht!« Diese Botschaft der Heiligen Weihnacht dürfen wir uns gefallen lassen, und wir dürfen sie uns gerade in diesem Jahr als tröstliche und befreiende Botschaft sagen lassen. Denn die Kraft und die Wärme dieses Lichtes vermag letztlich nur zu ermessen, wer eine Ahnung davon hat, was Finsternis ist.

Auch und gerade die Finsternis gehört zur Weih-*Nacht*. Die Nacht steckt nun einmal im Wort »Weihnacht«; und wie die Nacht im Wort steckt, so steckt sie mit ihrer ganzen Abgründigkeit und Gefährlichkeit auch in unserem Leben und in unserer Welt. Weihnachten zu feiern bedeutet deshalb auch, sich mutig der Nacht zu stellen. Dies wäre freilich auf der anderen Seite ein furchtbar trostloses Unterfangen, wenn damit nicht eine frohe Zusage verbunden wäre. Diese Zusage der Heiligen Nacht besagt, dass in den Nächten unseres Lebens ein Licht aufgegangen ist, das die Dunkelkammer unseres Lebens erleuchtet. Dieses Licht leuchtet auf in der Krippe in Betlehem in jenem Kind, in dem Gott selbst Mensch geworden ist. Erst diese Zusage macht Weihnachten wirklich zur *Weih*-Nacht. Denn Weihnachten heißt: ER ist zu uns Menschen gekommen, und ER hat die Nacht mit seinem Licht hell gemacht. ER hat die Nacht der Finsternis und die grausame Nacht unserer Ängste und Hoffnungslosigkeiten zu Weihnachten, zur Heiligen Nacht gemacht.

Geburt des Retters

Die frohe Einladung von Weihnachten besteht also darin, dass wir uns für jenes Licht öffnen, das in der Finsternis leuchtet und das der Engel des Herrn mit den Worten dolmetscht: »Fürchtet euch nicht!« Der Engel des Herrn sagt dies freilich nicht wie eine abstrakte Aussage, der man anmerkt, dass der Sprecher offensichtlich nichts von unserer Welt versteht. Der Engel spricht vielmehr ein verheißungsvolles »denn«: »Denn ich verkünde euch eine große Freude, die dem ganzen Volk zuteil werden soll: ›Heute ist euch in der Stadt Davids der Retter geboren; er ist der Messias, der Herr‹.« Auf dieses »denn« kommt es entscheidend an. Denn das »Fürchtet euch nicht« hat einen Grund; und erst dieser Grund macht Weihnachten zur Heiligen Weih-Nacht.

Wir haben Grund, uns nicht zu fürchten, weil uns der Retter geboren ist. Damit ist freilich die Frage an uns gestellt, ob wir dies wirklich zu glauben vermögen. Oder ist in einer Welt, in der der Mensch meint, alles selbst machen zu können, angefangen von der Genmanipulation bis in die Astrophysik, die Tendenz nicht groß, nicht auf einen Retter angewiesen zu sein, sondern sich auch selbst retten zu können? So hofft in dem vom Christentum geprägten Europa immerhin ein Fünftel der Menschen auf die Wiedergeburt. Aus Angst, in *einem* Leben zu kurz zu kommen und mit dem, was man in knappen Lebensjahren erreichen kann, nicht zufrieden sein zu können, und im Streben nach einem optimal leidfreiem Glück suchen diese Menschen Glücksmaximierungschancen und letztlich Rettung nicht in der Hoffnung auf die Menschwerdung Gottes, sondern auf dem Weg der vervielfältigten eigenen Menschwerdung in einer Reihe von verschiedenen Wiedergeburten.

»Heute ist euch in der Stadt Davids der Retter geboren.« Diese Weihnachtsbotschaft geht davon aus, dass wir Menschen uns nicht selbst retten können, sondern dass wir auf einen Retter angewiesen sind und dass er uns geschenkt ist im Messias, der an Weihnachten geboren ist. Ist dies aber nicht auch die Botschaft, die wir an den Zeichen der heutigen Zeit ablesen können? Angesichts der tragischen Ereignisse in diesem Jahr hat sich mir immer mehr die eine Frage aufgedrängt, worauf wir uns in dieser Welt noch verlassen und worauf wir vertrauen können. Die Antwort unseres Glaubens kann dabei nur heißen: Gott ist die einzige Wirklichkeit, die auch der schrecklichste Terrorismus nicht zerstören und die auch der größte Reichtum der Welt weder kaufen noch verkaufen kann. Weihnachten lädt uns ein, neues Vertrauen zu Gott zu finden. Wenn wir uns in Gott einwurzeln, gewinnen wir gewiss auch neues Vertrauen in die Welt, die die gute Schöpfung Gottes ist und bleibt.

Gottes Wahl des Kleinen

Hier hat die weihnachtliche Zumutung »Fürchtet euch nicht!« ihren tiefsten Grund. Dieser wird noch konkreter, wenn wir das Zeichen bedenken, mit dem uns dieser Grund nahegebracht wird: »Das soll euch als Zeichen dienen: Ihr werdet ein Kind finden, das, in Windeln gewickelt, in einer Krippe liegt.« Der Retter der Welt kommt als Kind in unsere Welt und auf uns Menschen zu. Wir brauchen wirklich keine Angst zu haben. Gott wird, wenn er Mensch in unserer Welt wird, Kind. Ausgerechnet in einem Kind gibt sich Gott uns Menschen so zu erkennen, wie er ist und wie er sich zu uns Menschen verhält. In der Kindwerdung Gottes zeigt Gott zugleich, wie er die Welt überhaupt regiert. Er orientiert sich an jenem Grundprinzip, das Kardinal Joseph Ratzinger »das Wählen des Kleinen« genannt hat. Denn das Wählen des Kleinen ist überhaupt charakteristisch für die Geschichte Gottes mit uns Menschen[55].

Diese Geschichte beginnt schon damit, dass Gott die *Erde*, dieses Staubkorn im Weltall, zum Schauplatz seines rettenden Handelns ausgewählt hat. Angesichts der unermesslichen und unfassbaren Weite des Kosmos mit seiner unendlichen Vielzahl von Planeten und Galaxien erscheint es fast zufällig und willkürlich, dass Gott unsere Erde auserwählt hat, um seine Geschichte mit uns Menschen zu führen. Gottes Wählen für das Kleine hat ihn aber für die Erde entscheiden lassen, um sich uns Menschen schenken zu können.

Auf dieser kleinen Erde hat Gott *Israel*, ein politisch praktisch machtloses Volk, dazu auserwählt, der entscheidende Träger seiner Geschichte mit uns Menschen zu sein. Angesichts der Vielzahl von viel potenteren Völkern scheint die Wahl Gottes für Israel beinahe abenteuerlich. Das Alte Testament zeigt denn auch, dass Gottes Entscheidung für Israel für ihn voll von Risikos gewesen ist. Doch auch hier hat Gott das Kleine erwählt und ist mit seinem Volk den Weg durch die Geschichte gegangen.

In Israel ist es *Betlehem*, außerhalb des Ortes, das Gott gewählt hat, um uns Menschen nahe zu sein. Die Wahl Betlehems erscheint vollends waghalsig, wie der weitere Verlauf der Weihnachtsgeschichte zeigt. Denn kaum ist das Kind Jesus geboren, droht ihm von den Mächtigen seiner Zeit bereits Gefahr für Leib und Leben, und es findet Rettung allein auf den Armen von Josef und Maria.

Und selbst die Geburt Jesu übertrifft alle Kleinheit unserer Welt, was die Weihnachtsgeschichte mit drei anschaulichen Bildern verdeutlicht: Jesus wird erstens *unterwegs* geboren. Es ist eine völlig improvisierte Geburt. Sozusagen am Straßenrand kommt Jesus zur Welt, buchstäblich zur Welt, wie sie nun einmal ist. Jesus wird zweitens in eine *Krippe* gelegt. Es ist eine ganz und gar unmenschliche Geburt. Sozusagen im Futtertrog, gleichsam in unmittelbarer Nachbarschaft zu den Tieren, kommt Jesus zur

Welt. Weil drittens in der Herberge *kein Platz* für ihn war. Es ist eine ganz und gar unwillkommene Geburt. Sozusagen außerhalb unserer gesellschaftlich akzeptierten Normen kommt Jesus zur Welt.

In Jesus und seiner Geburt in Betlehem findet Gottes Wahl für das Kleine seinen unüberbietbaren Höhepunkt. Darin zeigt das Handeln Gottes in der Welt seine klare und eindeutige Linie. An Weihnachten wird vollends offenbar, dass die Größe Gottes darin besteht, dass er sich ganz klein machen kann. Darin besteht die Kernmitte des weihnächtlichen Glaubens an die Menschwerdung des Sohnes Gottes, wie sie der katholische Schweizer Theologe und Kardinal *Hans Urs von Balthasar* treffend formuliert hat: »Das Tiefste am Christentum ist die Liebe Gottes zur Erde. Dass Gott in seinem Himmel reich ist, wissen andere Religionen auch. Dass er zusammen mit seinen Geschöpfen arm sein wollte, dass er in seinem Himmel an seiner Welt leiden wollte, ja gelitten hat und durch seine Menschwerdung sich instand setzte, dieses sein Leiden der Liebe seinen Geschöpfen zu beweisen; das ist das Unerhörte bisher.«

Die Liebe Gottes, wie sie an Weihnachten offenbar ist, bringt es an den Tag, dass gerade sein Heruntersteigen der eigentliche Aufstieg ist. Gott macht sich an Weihnachten klein, um den hochmütigen Menschen wieder in das rechte Maß zurückzubringen. Dieses Gesetz des Kleinseins gilt deshalb auch für uns Menschen, wenn wir es Gott gleich tun und gerade dadurch groß werden, dass wir uns klein machen für andere. Auch wir kommen in die Höhe, und zwar in die Höhe Gottes, wenn wir herunterkommen und das Kleine wählen. Wenn wir in diese Bewegung Gottes einsteigen, werden wir verspüren, dass sich die Verheißung der Heiligen Nacht auch an uns bewähren wird: »Fürchtet euch nicht!«

Lichtvolle Aufklärung von oben[56]

Orientierung tut not

Das Hochfest der Erscheinung des Herrn heißt mit seinem ursprünglichen und authentischen Namen »Epiphanie«. In diesem Namen kommt sehr schön zum Ausdruck, welches der Notenschlüssel für die Melodie nicht nur dieses Festes, sondern auch aller Festgeheimnisse im Weihnachtfestkreis ist. An allen weihnachtlichen Festtagen geht es im Grunde um das Gleiche, nämlich um Epiphanie. Es geht um das Hereinscheinen des Lichtes Gottes in unsere Welt und damit um göttliche Auf-Klärung über unser menschliches Leben. Deshalb sind alle weihnachtlichen Festtage von der gleichen Symbolik getragen, nämlich vom Symbol des Lichtes, das uns Jesus Christus als Licht der Welt und als Licht unseres Lebens verkündet:
Weihnachten selbst redet von der Geburt Jesu im Stall, die von Engeln verkündet wird, die ihrerseits vom Lichtglanz Gottes umleuchtet sind. Am letzten Fest im Weihnachtsfestkreis, am Fest der Taufe Jesu, werden wir von dem geöffneten Himmel über dem Jordan hören, aus dem Gottes Stimme ertönt, die das Geheimnis Jesu im besten Sinne des Wortes, nämlich lichtvoll, aufklärt. Das Fest der Erscheinung des Herrn schließlich ist dem Gedächtnis seiner Epiphanie gewidmet, nämlich der lichtvollen Offenbarung seines göttlichen Wesens vor einer größeren Öffentlichkeit. Während im ursprünglichen Weihnachtsfest die Geburt und die Epiphanie des Erlösers wohl gemeinsam gefeiert wurden, wurde später das Gedenken an die drei Wunder der Epiphanie Christi dem Hochfest der Erscheinung des Herrn zugeordnet, an dem die Kirche in der Vesper singt: »Drei Wunder heiligen diesen Tag: Heu-

te führte der Stern die Weisen zum Kind in der Krippe. Heute wurde Wasser zu Wein bei der Hochzeit. Heute wurde Christus im Jordan getauft, uns zum Heil.« Im Mittelpunkt des heutigen Festes steht der Stern, von dem erhellt die Weisen aus dem Osten den Weg zur Krippe von Betlehem finden. Hier ereignet sich vollends Epiphanie, das aufklärende Hereinscheinen des Lichtes Gottes in unsere Welt.

Das Licht von Epiphanie will auch in unser Leben und in das Leben der Kirche heute hereinscheinen und uns aufklären. Denn solche Aufklärung haben wir in der heutigen Situation der Kirche dringend nötig. Wir alle spüren, dass der christliche Glaube in der Kirche und in der Gesellschaft immer mehr zu verdunsten und gleichsam wie der letzte Schnee vor der erstarkenden Frühjahrssonne wegzuschmelzen droht. Wir befinden uns heute zweifellos an einem entscheidenden Wendepunkt und stellen uns besorgt die Frage, wie es mit dem Christentum und der Kirche in der heutigen Welt weitergehen kann. In dieser prekär gewordenen Situation brauchen wir neue Orientierung, wie sie uns das Festevangelium geben will und kann. Die entscheidende Alternative, der wir uns dabei stellen müssen, heißt: Jerusalem oder Betlehem? Schauen wir deshalb genauer hin, wem die Weisen aus dem Morgenland in Jerusalem begegnen und was sie in Betlehem erfahren. Und nehmen wir die verschiedenen Akteure, die in der Weihnachtsgeschichte des Matthäus eine entscheidende Rolle spielen, als Spiegel, in dem wir erkennen können, wo wir selbst stehen und wie es um uns und unseren Glauben steht.

Das bürgerliche Milieu Jerusalems

Die Weisen aus dem Morgenland kommen nach Jerusalem und dürften dort wohl zuerst den Bürgern dieser Stadt begegnet sein. Von ihnen ist freilich in der Weihnachtsgeschichte des Matthäus nicht ausdrücklich die Rede, und dieses Schweigen hat seinen Grund. Die Bürger von Jerusalem haben zwar vom Stern des Neugeborenen gehört; aber sie denken nicht daran, dem Stern eines anderen zu folgen, schon gar nicht dem Stern, der die Geburt eines Kindes anzeigt. Den Bürgern von Jerusalem waren die großen Sorgen und kleinen Freuden des alltäglichen Lebens offensichtlich genug, so dass sie keine Zeit und keine Kraft hatten, sich um das in Betlehem neugeborene Kind zu kümmern. Wir sollten freilich nicht vorschnell über sie urteilen. Denn Bürger sind nun einmal so. Und uns selbst ergeht es auch manchmal ähnlich, dass wir im Betrieb des alltäglichen Lebens zu ertrinken drohen, so dass wir es nicht mehr wagen, uns noch Größeres und Höheres abzuverlangen, nämlich den Weg zu Gott, den uns der Stern weist. Müssen wir uns nicht oft genug in den Bürgern von Jerusalem wiedererkennen, die sich selbst angesichts der wunderbaren Schönheit der Weihnachtsbotschaft nicht bewegen und von der Freude, die sie ausstrahlt, kaum berühren lassen?

Können da vielleicht die Schriftgelehrten, die Spezialisten der Heiligen Schrift, die Theologen weiterhelfen? Von ihnen ist im Unterschied zu den Bürgern von Jerusalem in der Weihnachtsgeschichte des Matthäus ausdrücklich die Rede: Herodes lässt alle Hohenpriester und Schriftgelehrten kommen und erkundigt sich nach dem Ort, an dem der Messias geboren werden sollte. Die Theologen, die über alles Bescheid wissen und alle Auslegungsmöglichkeiten kennen, begnügen sich freilich damit, die Bedeutung des Sternes schriftgemäß zu erklären und mit Hilfe eines Prophetenwortes den Geburtsort des messianischen Königs zu bestimmen. Aber es ist keine Spur davon zu erkennen, dass sie sich selbst durch die Heilige Schrift in Bewegung bringen ließen und dass sie dem Stern folgen würden. Sie betrachten die Heilige Schrift offensichtlich bloß als Gegenstand ihrer wissenschaftlichen Neugier, nicht hingegen als Wahrheit, die ihr Leben berührt. Von ihnen hat der heilige *Augustinus* deshalb mit Recht gesagt, dass sie zwar Wegweiser sind, freilich nur für die anderen: Sie zeigen anderen den Weg, bleiben aber selbst stehen.

So müssen die Weisen aus dem Morgenland die Erfahrung machen, dass sie in Jerusalem zwar theologische Auskunft, aber nicht den Neugeborenen selbst finden können. Doch auch über die Theologen sollten wir nicht urteilen, sondern vielmehr uns die Frage stellen, ob wir uns nicht oft auch in ihnen wiedererkennen müssen. Ist nicht auch unter uns die Versuchung groß, den Glauben der Kirche und sogar die Heilige Schrift mehr als Objekt einer permanenten Diskussion zu betrachten denn als den Weg und die Wahrheit, die unser Leben berühren und bewegen? Müssten wir heute nicht wieder neu entdecken, dass Jesus Christus seine Kirche nicht gewollt hat, dass sie das Wort Gottes in einer Dauerreflexion auseinanderlegt, sondern dass sie der Raum ist, in dem das Wort Gottes gelebt wird?

Da ist schließlich in Jerusalem Herodes. Im Unterschied zu den Bürgern von Jerusalem ist er sehr wohl am neugeborenen Kind interessiert, freilich nicht, wie er schönfärberisch vorgibt, um ihm zu huldigen und es anzubeten, sondern um es zu beseitigen. Zwar spürt er die ungeheure Bedeutung der Geburt dieses Kindes. Es heißt ausdrücklich von ihm, dass er erschrak. Doch sein Interesse besteht allein darin, seine eigene Macht und seinen eigenen Einfluss und damit seinen eigenen Stern zu bewahren. Denn der Stern, der die Geburt des messianischen

Königs anzeigt, stellt seine Machtposition in Frage. Es ist nur zu verständlich, dass er dem neugeborenen Kind nach dem Leben trachtet. Herodes ist der Mensch der Macht schlechthin, der im anderen nur den Konkurrenten wahrnehmen kann und der sogar in Gott selbst seinen Konkurrenten erblickt, weil dieser die Unbeschränktheit des eigenen Machtstrebens in Frage stellt. Vielleicht fällt es uns besonders leicht, über Herodes als brutalen Herrscher zu urteilen. Aber wäre es nicht wiederum besser, uns darüber Rechenschaft zu geben, ob nicht auch in uns selbst – zumindest ein kleiner – Herodes steckt? Betrachten wir nicht auch oft genug Gott als Konkurrenten unseres Lebens, vor allem dann, wenn sein Wort unbequem ist und uns in die Quere kommt und wenn wir seine Gebote nicht mehr als Ratschläge eines guten Freundes und als hilfreiche Anleitungen zu einem gelingenden Leben wahrnehmen, sondern als Grenzpfähle, die uns daran hindern, zu tun, was wir wollen – gemäß der Devise: »Wenn Gott nicht existiert, ist alles erlaubt«?

Das göttliche Milieu Betlehems

Die Bürger, die Theologen und Herodes: Dies ist Jerusalem damals und heute. Sie treffen sich darin, dass sie zwar den Stern sehen und die Nachricht, die mit ihm verbunden ist, hören. Doch sie lassen es entweder beim alltäglichen Trott und bei der theologischen Neugier bewenden oder treten aktiv gegen den Neugeborenen an. Um eine ganze Welt verschieden aber ist Betlehem und die Einstellung der Weisen aus dem Morgenland zu dem in Betlehem neugeborenen Kind. Versuchen wir nun auch Betlehem und die Weisen als Spiegel zu nehmen, um uns selbst darin zu betrachten und uns darüber Rechenschaft zu geben, ob wir uns auch in ihnen wiederfinden können.

In diesem Spiegel und somit in der Einstellung der Weisen aus dem Morgenland zum weihnachtlichen Geschehen geht uns die Schlichtheit und zugleich die Bedeutungsschwere dessen auf, was sie mit den Worten zum Ausdruck bringen: »Wir haben seinen Stern aufgehen sehen und sind gekommen, um ihm zu huldigen« (Mt 2,2). In diesem Bekenntnis ist jedes Wort wichtig.

Die Weisen bekennen zuerst: »Wir haben *seinen Stern* aufgehen sehen.« Auf Nachrichten hin, dass in Israel der Gottkönig der Welt einmal geboren werde, und auf gewisse Sternkonstellationen hin machen sich die Weisen auf den Weg und ziehen dem verheißenen Friedenskönig entgegen. Sie folgen dabei gerade nicht ihrem eigenen Stern. Was sie vielmehr in Bewegung bringt, ist der Stern eines anderen, der Stern des neugeborenen Königs der Juden. Die Weisen zeigen sich damit als Menschen, die auf der Suche nach Gott sind und ihn im Kind von Betlehem finden. Dabei lassen sie sich vom Wort der Heiligen Schrift leiten, dass aus der Stadt Betlehem der Hirt des Volkes Israel hervorgehen wird. An dem Ort, wo der Stern stehen bleibt und wo das Kind ist, machen sie die Erfahrung, dass allererst die Stimme der Heiligen Schrift ihnen den Weg gewiesen hat und dass das Wort Gottes der wahre Stern ist: »Das Wort Gottes ist die große Nova, in der aus der Schwachheit menschlicher Rede plötzlich die unendliche Lichtkraft göttlicher Wahrheit durchbricht und uns zur Wegweisung wird.«[57] Diesem Stern von Gottes Wort zu folgen macht die Grundberufung des christlichen Lebens aus, wie es uns die Weisen aus dem Morgenland vorgelebt haben.

Von ihnen heißt es weiter lapidar, dass sie *»gekommen«* sind. Sie sind gekommen, weil sie den Stern des neugeborenen Königs der Juden haben aufgehen sehen. Die Weisen aus dem Osten wissen offensichtlich, dass die Geburt des Messias die unableitbare Tat Gottes selbst ist, dass es aber an ihnen liegt, an den Tatort dieses weihnachtlichen Geschehens zu kommen. Gott selbst kommt zwar nach Betlehem. Dies ist und bleibt seine sympathische Initiative. Aber Betlehem kommt nicht von selbst an unseren Wohnort. Da müssen wir schon selber initiativ werden und uns wie die Weisen auf den Weg machen, um den Stern des neugeborenen Königs der Juden zu sehen. Dies ist die zweite Glaubenslektion, die uns die Weisen aus dem Morgenland bereithalten: Nur wer sich aufmacht, wird den Stern von Betlehem zu Gesicht bekommen und die göttliche Aufklärung erfahren. Wer bei sich bleibt, in seinen eigenen vier Wänden eingeschlossen, wird den Stern nicht sehen können und unaufgeklärt bleiben.

Das Kommen der Weisen aufgrund des Sehens des Sterns hat drittens ein sehr konkretes Ziel: Sie *huldigen* dem neugeborenen König der Juden, indem sie der orientalischen Sitte gemäß vor ihm niederfallen. Sie beten das Kind in der Krippe an und bringen ihm die Gaben von Gold, Weihrauch und Myrrhe dar. Dies sind gewiss keine Geschenke für den alltäglichen Bedarf, sondern Gaben, die ein König erwarten darf, wie es im Psalm 72 zum Ausdruck kommt, in dem die Könige von Saba und Seba sich beim verheißenen Friedenskönig mit Gaben einfinden werden. Gold steht dabei für die Macht des Königs; Weihrauch und Myrrhe verströmen Wohlgeruch und geben dem König die ihm entsprechende Ehre. Diese Geschenke der Weisen kommen damit einem sehr verbindlichen Rechtsakt gleich. Nach der Ordnung des damaligen Orients drücken sie die Anerkennung einer Person als Gott-König aus. Diese Geschenke machen die Unterwerfung der Weisen unter die Herrschaft des neugeborenen Königs sichtbar, indem die Geber fortan ihm zur Verfügung stehen wollen.

An der Krippe in Betlehem ereignet sich ein eigentlicher Herrschaftswechsel, der seinen Niederschlag gefunden hat sogar in der konkreten Datierung des Festes der Erscheinung des Herrn: Wie das Fest der Geburt Christi das heidnische Fest des unbesiegbaren Sonnengottes abgelöst hat, so ist das Fest der Erscheinung des Herrn die christliche Umformung des heidnischen Festes der Geburt des Gottes Aion, der für sich in Anspruch genommen hat, Zeit und Ewigkeit miteinander zu verbinden. Denn wo und wenn die Sonne Gottes aufgeht, dort und dann erblassen die Gestirne der Götter. Damit machen die Weisen aus dem Morgenland den Ernstfall von Weihnachten auch für uns deutlich: »Die Weisen aus dem Morgenland haben nach Sternen ausgeschaut und in Christus die göttliche Sonne gefunden.«[58]

Diese befreiende Erfahrung kann nicht ohne Konsequenzen bleiben. Die Weisen aus dem Morgenland vollziehen vielmehr sogleich ihre persönliche Antwort auf ihre Anbetung des Kindes in der Krippe. Deshalb heißt es viertens von ihnen: »Weil ihnen im Traum geboten wurde, nicht zu Herodes zurückzukehren, zogen sie *auf einem anderen Weg* heim in ihr Land« (Mt 2,12). Wer den Stern über der Krippe in Betlehem gesehen hat, kann nicht mehr seinen eigenen Weg gehen; er geht vielmehr anders von dannen, als er gekommen ist. Er kann vor allem nicht mehr zu Herodes zurückgehen und mit den Mächten des Bösen nicht mehr gemeinsame Sache machen. Er lässt sich vielmehr den Weg des Kindes in Betlehem führen, den Weg des Kind gewordenen Gottes, der der Weg der Liebe ist, der allein die Welt so zu verwandeln vermag, wie es bei den Weisen handgreiflich geworden ist.

Lebendige Sterne

Die Weisen aus dem Morgenland haben den Stern des neugeborenen Königs aufgehen sehen. Sie sind gekommen, um ihm zu huldigen, und werden nachher neue Wege geführt: Dies ist Betlehem damals und heute. Betlehem ist das Milieu Gottes, in dem Wunder geschehen – im Unterschied zu Jerusalem, das das Milieu wohlanständiger Bürger ist, bei denen alles beim Alten bleibt. Man kann sich deshalb gut vorstellen, dass die Weisen aus dem Morgenland in Jerusalem vielerlei Spott und Gelächter ausgesetzt gewesen sind. Sie mussten in neuer Weise das Schicksal Abrahams erleiden, das sich in allen Epochen der Christenheit wiederholt, dass nämlich diejenigen, die glauben und dem Wort Gottes folgen, in dieser Welt sehr schnell als Pilger und Fremdlinge betrachtet werden.

Diese Fremdheitserfahrung müssen wir auch heute als Christen und als Kirche machen. Wer es wagt, den Glauben wirklich zu leben und zur Glaubensgemeinschaft der Kirche zu stehen, setzt sich auch und gerade heute vielfachem Spott aus und wird in der Welt von heute Pilger und Fremdling. Da alles Fremde Angst und Aggressivität auslöst, ist zudem Feindseligkeit gegen das Christentum heute nicht selten die üblich gewordene Reaktion. Diese feindlich ablehnende Haltung ist jedenfalls in unseren säkularisierten Ländern Europas vor allem in bestimmten Medien mit Händen zu greifen. In der öffentlichen Meinung wird nicht selten die Behauptung vertreten, das Christentum und speziell die römisch-katholische Kirche seien an beinahe allen Übeln der Menschheit schuld: »Wir werden immer häufiger als Fremdkörper empfunden, als Störenfriede in einer neuheidnischen Gesellschaft, deren Konsense wir nicht mitzutragen bereit sind.«[59]

In dieser Situation ist es entscheidend wichtig, nochmals auf die Weisen aus dem Morgenland zu blicken. An ihrem

Handeln wird sichtbar, dass für sie in erster Linie nicht galt, was die Menschen über ihr Tun sagten und was die öffentliche Meinung dazu behauptete, sondern dass für sie wichtig geworden ist, was wahr ist und was wirkliches Leben schenkt, und dass sie auch dazu bereit gewesen sind, den Spott der Menge auf sich zu nehmen. Gerade so aber sind die Weisen selbst zu lebendigen Sternen geworden, die uns führen und uns zeigen können, wo Christus zu finden ist.

In ihrer Nachfolge erwartet das Kind in der Krippe auch von uns, dass wir selbst Sterne werden, um Menschen zu Christus zu führen und uns dabei als Wegweiser zu bewähren, die nicht nur anderen den Weg zeigen und ihn selbst nicht gehen. Den Weg selber finden und gehen können wir aber nur, wenn wir den Mut aufbringen, über das Spießbürgerliche Jerusalems hinauszuwachsen und hineinzuwachsen in die schöne Wahrheit Betlehems, die allein befreit, indem sie uns aufklärt über das Kleinwerden Gottes im Kind in der Krippe, in dem uns die größte Höhe unseres Menschseins zugedacht ist. Darin besteht die Aufklärung von oben, die uns das Fest der Erscheinung des Herrn bereithält und die wir heute so dringend nötig haben.

Hereinscheinen des Weihnachtslichtes Gottes in unsere Welt[60]

»Siehe, Finsternis bedeckt die Erde, und Dunkel die Völker« (Jes 60,2a). Mit dieser realistischen Feststellung begründet der Prophet Jesaja seine hoffnungsvolle Ankündigung des Lichtes des Herrn. Auch heute feiern wir das Hochfest der Erscheinung des Herrn in einer Weltsituation von Finsternis und Dunkelheit. Ihr zentrales Stichwort heißt »Angst«. Die Angst bedrängt uns Menschen und Völker. Sie ist der unheimliche Begleiter auch unseres eigenen Lebens. Sie hat vor allem ein vierfaches Gesicht:
Wir haben Angst vor den Mitmenschen, ob sie es wirklich gut mit uns meinen oder ob es nicht doch angebracht ist, stets einen letzten Sicherheitsabstand von ihnen einzuhalten. Wir haben Angst vor uns selbst, dass uns aus dem Grund unseres Herzens die Einsamkeit in die Augen blickt. Wir haben Angst vor Gott, ob er wirklich die bedingungslose Liebe ist, wie er sich uns in Jesus Christus offenbart hat, oder ob er in unserem Leben doch mehr schweigt, als dass er gegenwärtig nahe ist. In diesen drei Ängsten meldet sich schließlich die Urangst des Menschen vor dem Tod zu Wort. Denn der Tod ist die große Wunde, von der wir geschlagen sind. Weil uns der Tod bedrängt, versuchen wir ihn in verschiedener Weise zu verdrängen. Dann aber meldet er sich wieder durch die Hintertür zu Wort. Seine Hintertür ist eben die Angst, die gleichsam der tägliche Tod ist.

Göttliche Therapie der menschlichen Angst

In dieser urmenschlichen Situation von Finsternis und Dunkelheit feiern wir das Hochfest der Erscheinung des Herrn. Sein Stichwort heißt »Licht«, wie es bereits der Prophet Jesaja mit dem tröstlichen »Dennoch« Gottes angekündet hat: »Doch über dir geht leuchtend der Herr auf, seine Herrlichkeit erscheint über dir« (Jes 60,2b). Von daher will das Fest Epiphanie auf eine Sehnsucht antworten, die in den Menschen aller Zeiten tief verwurzelt gewesen ist und die auch heute in den Menschen lebendig ist. Es ist die Sehnsucht danach, dass das Licht Gottes in die Finsternis unseres Lebens und in die Dunkelheit unserer Welt hereinscheint. Diese Sehnsucht regt sich in den Herzen der Menschen selbst in der heutigen Gesellschaft, die – rein äußerlich betrachtet – weit weg von Gott lebt, in der weniger als die Hälfte der Menschen noch an Gott glaubt und in der Gott gleichsam die Mehrheit verloren hat. Selbst in der Charta der Grundrechte der Europäischen Union darf Gott nicht mehr vorkommen: »Seine Erwähnung war nicht mehrheitsfähig.«[61] Doch auch in dieser Gott-fernen Lebenssituation halten die Menschen Ausschau nach einem Licht, das von jenseits der Welt herkommt und das ihnen Aufklärung über die Grundfragen ihres Lebens schenkt: Woher kommen wir? Wer sind wir? Was dürfen wir hoffen? Und wohin werden wir dereinst gehen?

Angesichts dieser tiefen Sehnsucht der Menschen ist das Fest der Erscheinung des Herrn ein höchst aktuelles, wenn nicht gar das aktuellste Fest der Kirche überhaupt. Denn Epiphanie schenkt uns Menschen die tröstliche Antwort Gottes auf unsere Sehnsucht nach Licht mitten in der Dunkelheit der Angst. Dieses Fest verkündet, dass das Licht Gottes stärker ist als sogar die Nacht des Todes. Die frühe Kirche hat deshalb Epiphanie, das Hereinscheinen des

Lichtes Gottes in unsere Welt, vor allem in der Auferweckung Jesu aus dem Tod in das neue Leben Gottes erfahren. Für die ersten Christen und Christinnen war Ostern ihr Hauptfest. Ein Weihnachtsfest gab es demgegenüber noch nicht, wie sehr uns dies heute auch erstaunen mag. Da stand eindeutig Ostern im Mittelpunkt des Glaubenslebens. Denn in dem den Tod überwindenden Handeln Gottes an Jesus Christus in seiner Auferweckung haben die ersten Christen und Christinnen Epiphanie erfahren: die Offenbarung der Herrlichkeit Gottes und damit das Hereinscheinen des göttlichen Lichtes in unsere Welt. Dieses Geheimnis haben sie an jedem Sonntag gefeiert, der deshalb der »Ur-Feiertag« im ganzen Kirchenjahr ist[62].

»Nimm die Auferstehung hinweg, und auf der Stelle zerstörst du das Christentum.« Mit diesen Worten hat die alte Kirche den Kern des christlichen Glaubens überhaupt ausgedrückt. Auf diesen Kern zurückzukommen, dazu sind wir auch heute eingeladen und herausgefordert. Denn auch und gerade heute steht und fällt der christliche Glaube mit dem Geheimnis von Ostern, das wir an jedem Sonntag feiern. Von der Auferweckung Jesu her fällt freilich auch Licht auf seinen ganzen Lebensweg und letztlich auf seine Geburt zurück. Epiphanie können wir deshalb nur im Vorschein von Ostern feiern. Denn im Vorschein der Offenbarung des Lichtes Gottes in der Auferweckung Jesu leuchtet auf, dass im Kind in der Krippe das Licht Gottes selbst erschienen ist.

Erscheinung des Lichtes Gottes in »Nazaret«

Im Menschen Jesus von Nazaret ist Gott selbst als das Licht der Welt in der Finsternis der Menschen und im Dunkel der Welt erschienen. Das große Glaubensbekenntnis der Kirche preist Christus deshalb als »Gott von

Gott« und als »Licht vom Licht«. Um im Kind in der Krippe den Sohn Gottes erkennen zu können, hilft uns freilich kein astronomisches Fernrohr, das wir Menschen in der Neuzeit meisterhaft entwickelt haben. Es braucht vielmehr jenes Fernrohr des Herzens, das die Sterndeuter aus dem Osten auf den Weg gebracht hat und das nötig ist, um im Kind in der Krippe »den neugeborenen König der Juden« (Mt 2,2) wahr-nehmen zu können.

Ein solches Fernrohr des Herzens brauchen auch wir, um im oft genug dunklen Alltag unseres Lebens den gegenwärtigen Gott wahrnehmen zu können. Denn auch hier will sich uns Gott zu erkennen geben wie in seiner Menschwerdung im Leben Jesu. Dass Gott selbst Mensch geworden ist, ist zweifellos das umwerfendste Ereignis in der ganzen Menschheitsgeschichte. Und doch wirkt es unscheinbar, was Gott dabei tut. Dreißig Jahre lang fristet der Gottessohn in dem unbedeutenden Ort Nazaret sein Leben, und zwar in Gewöhnlichkeit und Alltäglichkeit, so dass der Evangelist Lukas darüber eigentlich nur zu berichten weiß, dass er dieses Leben geführt hat und dass er zugenommen hat nicht allein an Alter, sondern auch »an Weisheit und Gefallen bei Gott und den Menschen« (Lk 2,52). Gerade in dieser Unscheinbarkeit aber ist Nazaret der entscheidende Offenbarungsort der Herrlichkeit Gottes, die »Fleisch« wird und sich freilich auch im »Fleisch« verbirgt.

Gottes Menschwerdung in Nazaret will deshalb auch an uns Menschen heute eine Einladung sein, selbst von dem oft genug geringfügigen und oft auch enttäuschenden Kleinkram des Alltags groß denken zu dürfen. Auch im »Nazaret« von uns heutigen Christen und Christinnen ist Gottes Herrlichkeit verborgen und will sich Epiphanie ereignen. Diese Verheißung ist uns zugesprochen in unserer Taufe. Es ist kein Zufall, dass dieses sakramentale Geschehen in der frühen Kirche »Erleuchtung« genannt wurde. Denn in der Taufe hat sich für uns persönlich Epiphanie ereignet.

In der Taufe ist Gottes Licht in unser Leben hereingeschienen, wie dies im traditionellen Ritus der Taufe sichtbar gemacht wird mit der Öffnung der Augen, des Mundes und der Ohren. Das Öffnen der Sinnesorgane im Taufritus bringt zum Ausdruck, dass dieses Sakrament uns helfen will, unsere Taubheit und Blindheit für Gott zu überwinden. So beginnt mit der Taufe ein Leben lang eine Weggemeinschaft, auf der wir herausgefordert sind, zu dem Licht Sorge zu tragen, das in unser Leben hereingeschienen ist in unserer Taufe, in unserem persönlichen Epiphaniasfest.

Gemeinschaft der Anbetung Gottes

Wer dieses großen Geheimnisses des Hereinscheinens des Lichtes Gottes in unser Leben in unserer Taufe ansichtig wird, der kann nicht anders als wie die Sterndeuter in die Knie gehen und Gott im Kind in der Krippe anbeten. »Anbetung« ist heute gewiss ein arg unmodernes Wort geworden. Auf das erste Zusehen hin ist dies sogar verständlich. Denn in die Knie zu gehen, dies empfindet der heutige Mensch weithin als Entwürdigung. Er hat es vielmehr gelernt, den aufrechten Gang zu lieben, und er hat Angst, sein Rückgrat zu verlieren. In der Welt muss man schließlich »den Mann und die Frau stellen«, und in der Welt ist in der Tat nichts und niemand anzubeten. Die Anbetung Gottes im Kind in der Krippe hingegen schenkt die heilsame Erfahrung, dass nur derjenige, der ein starkes Rückgrat hat, sich tief bücken kann. Denn der Mensch darf dankbar erfahren, dass er seinen aufrechten Gang gerade Dem verdankt, vor Dem er in die Knie geht und Den er anbetet.

Dies zeigen uns auf eindrückliche Weise die Sterndeuter in der Weihnachtsgeschichte des Matthäus. Sie werfen sich vor dem Kind in der Krippe nieder und huldigen ihm, sie gehen vor ihm in die Knie und beten es an. Die ganze Weihnachtsgeschichte des Matthäus läuft jedenfalls auf die Anbetung des Kindes in der Krippe durch die Sterndeuter hinaus (Mt 2,11) – genauso wie das ganze Matthäusevangelium schließlich auf die Anbetung des Auferstandenen hinausläuft (Mt 28,17). Am Ende des Evangeliums werden nämlich die Jünger vor dem Auferweckten genauso niederfallen wie an seinem Beginn die Sterndeuter vor dem Kind in der Krippe. Damit schließt sich der Kreis des Evangeliums, und dieser ist ein Kreis der Anbetung Jesu Christi.

Im Betlehem finden die Sterndeuter den Sinn ihres Lebens, weil sie das Kind anbeten. Entsteht nicht da, wo die Magier dem Kind huldigen, eine ganz neue Gemeinschaft, gleichsam der Ursprung und der Vorschein der Kirche Jesu Christi? Denn was könnte die Kirche im Tiefsten anderes sein als die Gemeinschaft jener Menschen, die das Kommen Gottes als Kind in unsere Welt glauben und es anbeten, die in ihm das Licht ihres Lebens finden und die in der Taufe das Geschenk der göttlichen Erleuchtung empfangen haben!

Die Anbetung Gottes ist das Lebenselixier der Kirche und des christlichen Lebens. Wenn wir es praktizieren, dann kann sich auch in unserem Alltag immer wieder Epiphanie ereignen, das Hereinscheinen des Lichtes Gottes in unser Leben herein, wie es der Prophet Jesaja verheißen hat: »Auf, werde licht, Jerusalem, denn es kommt dein Licht, und die Herrlichkeit des Herrn geht leuchtend auf über dir« (Jes 60,1).

Anmerkungen

1 Homilie im Benediktinerinnenkloster Fahr am Zweiten Adventssonntag am 6. Dezember 1998. Lesung: Jes 11,1–10; Evangelium: Mt 3,1–12.
2 K.-P. Jörns, Die neuen Gesichter Gottes. Was die Menschen heute wirklich glauben (München 1997) 180–181.
3 E. Kapellari, Worauf warten wir? Adventsgedanken (Freiburg i. Br. 1993) 5.
4 Adventsansprache bei den Rotariern im Hotel Krone in Solothurn am 21. Dezember 1998.
5 J. Kardinal Ratzinger, Gottes Angesicht suchen. Betrachtungen im Kirchenjahr (Meitingen 1978) 9.
6 J. Moltmann, Christlicher Glaube im Wertewandel der Moderne, in: Ders., Gott im Projekt der modernen Welt. Beiträge zur öffentlichen Relevanz der Theologie (Gütersloh 1997) 73–88, zit. 87.
7 M. Gronemeyer, Das Leben als letzte Gelegenheit. Sicherheitsbedürfnisse und Zeitknappheit (Darmstadt 1993).
8 Abram Terz (= A. Sinjawski), Gedanken hinter Gittern (Wien 1968).
9 Homilie bei der Wallfahrt zur Kapelle Mariazell bei Sursee am Dritten Adventssonntag am 13. Dezember 1998. Lesung: Jes 35,1–6a.10; Evangelium: Mt 11,2–11.
10 H. U. von Balthasar, Rechenschaft 1965 (Einsiedeln 1965) 27.
11 Ansprache in der Ökumenischen Adventsfeier der Katholischen und Evangelisch-reformierten Hochschulgemeinde in der Aula der Universität Zürich am 15. Dezember 1998.
12 N. Lohfink, Die messianische Alternative. Adventsreden (Freiburg i. Br. 1981) 15.
13 C. M. Martini, Ein helles Licht in dunkler Zeit. Weihnachtsmeditationen (Mainz 1998) 19.
14 W. Huber, Kirche in der Zeitenwende. Gesellschaftlicher Wandel und Erneuerung der Kirche (Gütersloh 1998) 31.

15 Ebda. 9–10.
16 G. von Rad, Theologie des Alten Testaments. Band I (München 1957) 368.
17 Homilie in der Feier der Weihe der renovierten Kirche Maria Mittlerin in Gelterkinden am 7. Dezember 1997. Lesung: 1 Kor 3,9c–11.16–17; Evangelium: Lk 19,1–10.
18 Homilie im Abschlussgottesdienst des 30-Jahr-Jubiläums der Pfarrei St. Michael in Luzern am 14. Dezember 1997. Lesung: Phil 4,4–7; Evangelium: Mk 7,31–37.
19 B. Meuser, Gottestherapie. Warum der christliche Glaube gesund macht (Ostfildern 1993).
20 J. Willi, Was hält Paare zusammen? Der Prozess des Zusammenlebens in psycho-ökologischer Sicht (Reinbek bei Hamburg 1991).
21 Homilie in der Feier der Priesterweihe von Frater Niklas Raggenbass OSB in der Benediktinerklosterkirche Engelberg am 2. Dezember 2001. Lesung: Neh 8,1–12; Evangelium: Mt 24,29–44.
22 Presbyterorum Ordinis, Nr. 4.
23 Augustinus, Sermo 393, 1–3 = PL 38, 1327 f.
24 G. Greshake, Die Wirklichkeit Gottes als Mitte priesterlichen Seins und Handelns, in: Korrespondenzblatt des Canisianums 132 (1998/99) 2–11, zit. 2.
25 Presbyterorum Ordinis, Nr. 4.
26 J. Kardinal Ratzinger, Perspektiven der Priesterausbildung heute, in: ders. / Bischof Paul-Werner Scheele u. a., Unser Auftrag. Besinnung auf den priesterlichen Dienst (Würzburg 1990) 11–38, zit. 25.
27 Homilie in der Feier der Heiligen Weihnacht in der Kathedrale St. Urs und Viktor in Solothurn am 24. Dezember 2000. Lesung: Titus 2,11–14; Evangelium: Lk 2,1–14.
28 Vgl. F. Kamphaus, Zwischen Nacht und Tag. Österliche Inspirationen (Freiburg i. Br. 1998) 50.
29 Homilie in der Christmette in der Kathedrale St. Urs und Viktor in Solothurn am 24. Dezember 1998. Lesung: Tit 2,11–14; Evangelium: Lk 2,1–14.
30 KG 336 (Gotteslob 134), Strophe 3.

31 H. E. Richter, Der Gotteskomplex. Die Geburt und die Krise des Glaubens an die Allmacht des Menschen (Reinbek bei Hamburg 1979).
32 J. Kardinal Ratzinger, Weihnachtspredigten (München 1998) 11.
33 Homilie im Gottesdienst am Hochfest von Weihnachten in der Kathedrale St. Urs und Viktor in Solothurn am 25. Dezember 2001. Lesung: Tit 3,4–7; Evangelium: Joh 1,1–18.
34 L. Kardinal Scheffczyk, Das Bleibende in der Kirche. Manuskript eines Vortrages in München am 28. Januar 1996.
35 E. Jüngel, … ein bisschen meschugge … Predigten und biblische Besinnungen V (Stuttgart 2001) 93.
36 Die deutschen Bischöfe, Der Mensch: sein eigener Schöpfer? Zu Fragen von Gentechnik und Biomedizin (Bonn 2001) 10.
37 Homilie im Gottesdienst am Weihnachtstag in der Kathedrale St. Urs und Viktor in Solothurn am 25. Dezember 1999. Lesung: Hebr 1,1–6; Evangelium: Joh 1,1–18.
38 J. Kardinal Ratzinger, Weihnachtspredigten (München 1998) 19.
39 Homilie in der Weihnachtsmesse in der Kathedrale St. Urs und Viktor in Solothurn am 25. Dezember 1998. Lesung: Hebr 1,1–6; Evangelium: Joh 1,1–18.
40 J. Kardinal Ratzinger, Weihnachtspredigten (München 1998) 45.
41 J. Pieper, Muße und Kult (München 1955) 56.
42 Homilie im Gottesdienst in der Heiligen Nacht in der Kathedrale St. Urs und Viktor in Solothurn am 24. Dezember 2002. Lesung: Tit 2,11–14; Evangelium: Lk 2,1–14.
43 K. Kardinal Lehmann, Rettet Weihnachten, in: Glaube und Leben. Kirchenzeitung für das Bistum Mainz vom Dezember 2002.
44 Athanasius, Zweite Rede gegen die Arianer 70, in: PG 26, 425 B.
45 Johannes Paul II., Incarnationis mysterium, Nr. 1.
46 Ch. Schönborn, Das Geheimnis der Menschwerdung (Mainz 1983) 44.

47 Homilie im Gottesdienst in der Weihnachtsnacht in der Kathedrale St. Urs und Viktor in Solothurn am 24. Dezember 1997. Lesung: Tit 2,11–14; Evangelium: Lk 2,1–14.
48 F. Kardinal Wetter, Licht der Weihnacht (Freiburg i. Br. 1991) 68.
49 J. B. Metz, Wie rede ich von Gott angesichts der säkularen Welt?, in: D. Henrich u. a., Die Gottesrede von Juden und Christen unter den Herausforderungen der säkularen Welt (Münster 1997) 21–33.
50 Homilie im Weihnachtsgottesdienst in der Kathedrale St. Urs und Viktor in Solothurn am 25. Dezember 1997. Lesung: Jes 52,7–10; Evangelium: Joh 1,1–18.
51 KG 75 (Gotteslob 457), Strophe 1.
52 K. Rahner, Der Friede Gottes und der Friede der Welt, in: Schriften zur Theologie VIII (Zürich 1967) 690.
53 K. Rahner, Wer ist dein Bruder? (Freiburg i. Br. 1981) 18.
54 Homilie im Gottesdienst in der Heiligen Nacht in der Kathedrale St. Urs und Viktor in Solothurn am 24. Dezember 2001. Lesung: Jes 9,1–6; Evangelium: Lk 2,1–14.
55 J. Kardinal Ratzinger, Gott und die Welt. Glauben und Leben in unserer Zeit. Ein Gespräch mit Peter Seewald (München 2000) 182.
56 Homilie im Gottesdienst am Hochfest der Erscheinung des Herrn in der Kathedrale St. Urs und Viktor in Solothurn am 5. Januar 2003. Lesung: Eph 3,2–3a, 5–6; Evangelium: Mt 2,1–12.
57 J. Kardinal Ratzinger, Weihnachtspredigten (München 1998) 66.
58 E. Kapellari, Menschenzeit in Gotteszeit. Wege durch das Kirchenjahr (Graz 2002) 87.
59 Ch. Kardinal Schönborn, »Dominus Iesus« und der interreligiöse Dialog, in: E. Kapellari / H. Schambeck (Hrsg.), Diplomatie im Dienst der Seelsorge. Festschrift zum 75. Geburtstag von Nuntius Donato Squicciarini (Graz 2002) 113–123, zit. 119–120.
60 Homilie im Gottesdienst am Hochfest der Erscheinung des Herrn in der Kathedrale St. Urs und Viktor in Solothurn am 6. Januar 2001. Lesung: Jes 60,1–6; Evangelium: Mt 2,1–12.

61 A. Heinz, Eröffnungswort, in: Liturgisches Jahrbuch 51 (2001) 3–7, zit. 4.
62 Sacrosanctum Concilium, Nr. 106.